셀프 어튠먼트를 위한
레이키 매직가이드

헬레마 카디르와 세계 평화를 위해 애쓰는
모든 사람에게 이 책을 바칩니다.

THE REIKI MAGIC GUIDE TO SELF-ATTUNEMENT
by Brett Bevell

Copyright © 2007 by Brett Bevell
All rights reserved.

This Korean edition was published by Sri Krishnadass Ashram in 2019 by arrangement with Crossing Press, an imprint of Random House, a division of Penguin Random House LLC. through KCC(Korea Copyright Center Inc.), Seoul.

이 책은 (주)한국저작권센터(KCC)를 통한 저작권자와의 독점계약으로 슈리 크리슈나다스 아쉬람 에서 출간되었습니다. 저작권법에 의해 한국 내에서 보호를 받는 저작물이므로 무단전재와 복제를 금합니다.

셀프 어튠먼트를 위한
레이키 매직가이드

브렛 베벨 지음 | 황지현 옮김

The REIKI MAGIC GUIDE to SELF-ATTUNEMENT

슈리 크리슈나다스 아쉬람

목차

감사의 말		8
들어가는 말		8

1	레이키 계보와 발전	9
2	어튠먼트 및 단계	18
3	첫 번째 디그리 레이키 입문	23
4	레이키 자기힐링	29
5	레이키의 일상적인 활용	47
6	가족 및 친구를 위한 레이키 힐링	50
7	그룹 힐링	65
8	두 번째 디그리 레이키 상징	67
9	두 번째 디그리 레이키 어튠먼트	72
10	두 번째 디그리 레이키의 기본 용법	76
11	원격 힐링의 간단한 연습	90
12	대체 레이키 상징	94
13	세 번째 디그리 레이키 상징	119

14	세 번째 디그리 레이키 어튠먼트	124
15	돌과 양초에 레이키 어튠하기	127
16	레이키에 어튠한 돌과 양초 사용법	135
17	타인을 레이키에 어튠하기	141
18	사후Sahu를 통한 레이키	151
19	사후를 통한 어튠먼트 보내기와 해제하기	157
20	모든 사물의 레이키	168
21	레이키 코드Cords	180
22	레이키 크리스털	192
23	레이키 다이내믹	199
24	기도로서의 레이키	208
25	레이키의 미래	212

참고자료   220

감사의 말

그리스 신화의 판^{Pan}, 예수 그리스도, 이집트의 세크메트^{Sekhmet} 여신, 라타(에드가 케이시), 레이키의 데바^{Deva}에게 감사의 마음을 전한다. 이들은 이번 작업을 하는 동안 나를 격려하고 인도했다. 볼텍스힐링^{VortexHealing} 디바인 에너지 힐링의 창시자인 릭 웨인먼과 볼텍스힐링 계통의 원천인 멀린(아바타)은 이 책을 읽은 모든 이들이 효과적으로 활용할 수 있는 레이키 어튠먼트의 방법에 볼텍스힐링을 추가해 더욱 강력하게 만들어주었다. 지난 십 년간 실험 대상이자 동료가 되어 주었을 뿐만 아니라 지원과 조언, 격려를 아끼지 않은 나의 샤머니즘 친구인 캐롤라이언과 레이키 티쳐인 헤시르, 미셸 데니스, 노엘 아다모에게도 깊은 감사를 전한다.

들어가는 말

당신이 지금 들고 있는 이 책은 마치 마법과도 같다. 마법의 의미는 다소 복잡하다. 이것을 자세하게 설명하자면 정신적, 사이킥적, 영적 에너지를 의식^{ritual}이나 기도, 혹은 개인의 의지나 신성의 의지에 따라 우리 인생의 결과에 영향을 미칠 수 있는 여러 수단을 통해 집중시키는 것이라 할 수 있다. '마법'이라는 단어는 '마법 같은 유년시절'에서와 같이 경이로움의 뜻도 내포한다. 이 책은 마법 같은 책이다. 왜냐하면 이 책을 적절히 사용하기만 한다면 당신의 인생이 경이로움으로 가득 찰 것이며 당신의 의식은 최고의 상상력을 발휘하게 될 것이기 때문이다. 하지만, 가장 중요한 점은 이 책에 특별한 힘이 있다는 것이다. 이 힘은 시공간 매트릭스를 통해 발산되고 있는 레이키 어튠먼트에 당신을 연결해준다. 이 어튠먼트들은 시간 안에 존재하는 빛의 영원한 선들로서, 이 책에 주어진 반복적으로 말하는 신성한 단어들을 통해 불러내고 가로질러 만날 수 있다. 이 책을 통해 이야기하는 어튠먼트 과정은 1995년 이후 연구하여 개선된 것으로, 직접적인 레이키 어튠먼트 만큼이나 효과적인 것으로 증명되었다. 많은 사람이 이 책의 기법과 윤리에 의문을 가질 것이다. 이 책은 일부 사람들이 현재 편안하게 생각하고 있는 장벽들을 획기적으로 허물어 버린다. 다시 말해 이 경이로우면서도 쉽게 접근 가능한 레이키라는 선물에 대한 인간의 많은 깨우침을 방해하는 장애물을 과감하게 무너트린다. 레이키를 우리 일상생활의 한 부분으로서 그리고 인간 삶의 일반적인 면으로 만들고, 레이키를 우리의 집, 음식과 물, 우리 존재의 거의 모든 부분에 가져올 가능성이 있다. 나는 레이키가 단순히 돈을 지불하고 받는 하나의 힐링 방법을 넘어 평범하게 이해되는 우리 존재의 한 부분으로 진화하는 것을 확인하기 위해 《셀프 어튠먼트를 위한 레이키 매직가이드》를 쓰게 되었다. 우리는 영적 재능을 물려받은 평화로운 영적 존재로써의 우리의 가능성을 더 크게 드러나게 할 것이다. 이 책은 이러한 목표를 향한 한 방향을 제시한다.

1
레이키 계보와 발전

　레이키는 신성에서 비롯된, 손을 이용한 에너지 힐링법의 한 형태이다. 레이키에 입문한 사람에게는 누구나 지적인 힐링 에너지가 흐르는데 이것을 어튠먼트attunement라 부른다. 레이키에 어튠하면 자신이나 타인을 힐링하기 위해 이 에너지를 사용할 수 있는 능력을 갖추게 되는데, 이 능력은 평생 계속 된다. 레이키를 사이킥 에너지와 혼동하는 사람이 있는데 이것은 잘못된 생각이다. 레이키를 방사 형태와 관련해 생각해 본다면, 사이킥 에너지는 개개인이 발산하는 반면 레이키는 신성으로부터 발산하며 레이키에 입문한 사람을 통해 흐를 수 있다. 그러므로 레이키는 각 인간이 가진 것보다 훨씬 더 많은 연민과 힐링에 더하여 지성을 가지고 있다. 레이키는 그 원천인 신성으로부터 무한하게 발생한다. 레이키 세션 동안 에너지는 가야 할 곳과 해야 할 일을 항상 알고 있는 것 같다. 이는 의식적으로 방향을 잡아주어야 하는 사이킥 에너지와는 다르다. 레이키 계보의 힐링이 아름다운 점은 사이킥이나 직관력이 있는 사람, 혹은 특별한 능력이 있는 사람이 아니어도 된다는 것이다. 일단 이 신성한 에너지에 어튠하게 되면, 이것이 당신의 손을 통해 힐링하고자 하는 사람이나 사물에 흐르기를 바라기만 하면 된다.

최초의 레이키 마스터: 미카오 우스이Mikao Usui 박사

이 지구 상에 존재하는 현 레이키 계보는 일본 힐러이자 세계 최초의 레이키 마스터인 미카오 우스이(1865 ~ 1926)의 노력으로 시작되었다. 우스이 박사는 신성한 종교 서적에서 언급되는 예수와 붓다의 힐링 행위처럼, 인류에게도 엄청난 영적 힐링 능력이 있다고 믿었다. 이러한 힐링의 원천을 재발견하기 위한 박사의 연구는 거의 7년간이나 계속되었다. 신성한 서적을 조사하고 명상하던 박사는 결국 신성한 산꼭대기에서 21일간 기도하며 단식을 했다. 21일째 되는 날, 우스이 박사는 신비한 경험을 했다. 그것은 그가 경이로운 힐링의 선물, 즉 우스이 박사가 레이키라 부르는 이 선물을 신성으로부터 받은 것이었다. 레이키를 일본어 그대로 번역하면 "우주 생명력"이라는 뜻이 된다. 우스이 박사가 신성으로부터 처음으로 레이키에 입문했을 때 그는 "빛으로 된 물방울"이 하늘에서 내려오는 것을 보았다. 이 "빛으로 된 물방울"이 그를 일깨워 레이키라 부르는 것이 그의 손에서 흐르게 되었다. 이렇게 신비로운 경험을 한 후 얼마 안 되어 우스이 박사는 금식하던 산에서 내려오다가 발을 다쳤다. 그는 손을 발에 얹고 레이키가 상처를 힐링하도록 두었다. 그날부터 우스이 박사는 레이키를 이용해 다른 사람을 힐링하고 레이키에 관심이 있는 사람들을 가르치는 동시에, 레이키 클리닉을 열어 다른 레이키 티쳐들을 교육함으로써 레이키 계보가 자신의 사후에도 계속 이어지게 했다.

 이 신비로운 사람을 둘러싼 바로 그 이야기에는 다양한 추측이 있다. 그에 관한 이야기 중 일부는 전설로 전해지는데 신빙성이 있는 이야기도 있다. (어떤 책에서 말하는 것처럼) 그가 기독교 성직자였다는 것과 (다른 자료에서 말하는 것처럼) 불교 승려였다는 추측도 있다. 하지만, 미카오 우스이 박사 이야기의 공통점은 그가 신비스러운 길에 열중하여 레이키라 부르는 힐링의 영적 원천을 발견했다는 것이다.

 미카오 우스이 박사는 레이키를 이 지구 상에서 발전시키고 이것을 간단하지만 강력한 힐링의 방법으로 활용함으로써 모든 사람이 이것을 배울 수 있도록 했다. 나는 레이키 힐러이자 티쳐로서 또, 모든 영적 전통을 존중하는 한 사람으로서 그의 행적에 대해 존경을 표한다. 중요한 것은 그의 영적 수행 방법이 무엇이었느냐가 아니라 그가 모든 존재의 원천에 가까이 갈 수 있을 정도로 이 방법에 깊이 심취하여 결국 우리가 레이키라 부르는 이 경이로운 힐링 에너지를 제시할 수 있었다는 것이다.

 우스이 박사가 평생 레이키를 가르친 방법에 대해서도 다양한 추측이 있다. 어떤 사람들은 그가 오늘날 가르치는 것과 같은 레이키 시스템, 즉 일반적으로 알려져 있는 단계 및 상징을 이용했다는 것이다. 또 어떤 사람들은 그가 상징이나 단계는 전혀 사용하지 않았으며 어튠먼트 과정은 레이쥬$^{Rei-ju}$라 부르는 방법을 통해 긴 시간 동안 발생되어온 반복된 에너지 전이라고 주장한다. 어찌 됐든 진실은 비밀 속으로 감추어진 듯하다.

전 세계에 퍼지는 레이키

우스이 박사 사후의 레이키 역사에 관해서도 많은 추측이 있지만 모든 출처를 통해 명백히 확인할 수 있는 점은 2차 세계대전 이전, 하와요 타카타$^{Hawayo\ Takata}$라는 한 일본계 미국인 여성에 의해 레이키가 미국으로 전해졌다는 것이다. 그녀는 1938년 도쿄에서 츠지로 하야시$^{Chujiro\ Hayashi}$에게 교육을 받아 레이키 티쳐가 되었다. 하야시는 우스이 박사가 비법을 전수한 레이키 티쳐 중 한 명이었다. 일본을 떠난 하와요 타카타는 미국에서 레이키 교육 및 힐링을 시작했다. 처음에는 하와이에서 시작했으나 점차 샌프란시스코로 넓혀갔다. 하와요 타카타는 1980년 12월에 사망했지만 생전에 22명의 레이키 티쳐들을 양성했다. 이 22명의 레이키 티쳐들은 수많은 레이키 학생들을 교육하고 입문시켰으며 레이키 티쳐와 힐러들의 수는 그 뒤 줄곧 기하급수적으로 증가하고 있었다.

오늘날 미국 모든 주와 전 세계의 수많은 국가에서 레이키를 찾아볼 수 있다. 심지어 지금은 몇몇 진보적인 병원에서도 레이키를 확인할 수 있다. 또한, 여러 국가에서 간호사와 마사지 힐러들이 이 경이로운 힐링 기술을 배우기 위해 지속적인 교육을 받을 수 있다. 이 책의 목적은 레이키의 역할을 훨씬 더 확장시켜 레이키가 인간 경험의 일반적인 면이 되고 레이키를 원하는 모든 사람이 이용할 수 있도록 하는 것이다.

내가 경험한 레이키

나의 첫 레이키 경험은 내가 뉴욕대학교 치대에서 발치한 후인 1992년으로 거슬러 올라간다. 잇몸에 통증이 심해지자 내 룸메이트였던 에벤은 자신이 나를 도울 수 있을 것 같다고 말했다. 자신의 손을 내 뺨 위에 두고 내가 한 번도 들어보지 않은 레이키라고 하는 에너지 힐링을 하겠다는 것이었다. 당시 사랑니를 뽑은 치과 학생이 내 사랑니를 매우 거칠게 다루었기 때문에 내 잇몸이 부어올라 있었다. 너무 아파서 그 무엇도 붓기를 가라앉힐 수 없을 것 같았는데, 에벤이 손을 내 뺨에 올려놓자 안도감이 느껴졌다. 통증이 모두 사라졌기 때문은 아니었다. 통증이 완전히 없어지지는 않았다. 하지만, 나는 안도감을 느꼈다. 그것은 나 자신보다 훨씬 더 큰 어떤 힘으로부터 사랑받고 있다는 느낌이었다. 그리고 이러한 사랑의 감정은 에벤이 나에게 레이키 힐링을 해 주는 동안 그의 손을 통해 나오고 있었다. 나는 진정되었고 갑자기 내가 고통보다 더 큰 존재가 되어 그 고통을 이겨낼 수 있을 것 같은 느낌을 받았다. 그러고는 결국 내가 힐링될 것이라고 느꼈다. 힐링이 계속되면서 나는 졸음을 느끼기 시작했다. 30분 후 힐링이 끝났을 때에는 나를 가득 채우는 깊은 평온함을 느꼈다.

이때 나는 레이키를 처음으로 알게 되었다. 내가 이것을 직접 경험해 보지 않았다면 이 믿을 수 없는 에너지가 무엇이었는지, 이 에너지가 내게 무엇을 한 것인지 어떤 말로도 설명할 수 없었을 것이다. 그때는 내가 언젠가 레이키 힐러가 될 것이라든지 내가 레이키 티쳐가 될 것이라는 사실을 알지 못했다. 하지만, 나는 내 인생을 바꿀 이 부드러운 사랑의 에너지에 감동했다. 그러면서도 이 에너지가 모든 인류를 변화시킬 힘을 가지고 있으며 인류가 이것을 정말 이해하려면 직접 경험해 보아야 한다는 사실을 깨닫지 못했다.

나의 레이키 교육은 세 명의 레이키 티쳐를 통해 이루어졌다. 첫 번째 디그리는 레이키 연합Reiki Alliance의 선생인 레이키 티쳐, 엘카 페트라 팜Elka Petra Palm에게 받았다. 이 분은 내게 레이키의 전통적 이해에 대한 튼튼한 기초를 닦아 주셨다. 두 번째 디그리는 레이키 티쳐 메리 로버슨Mary Roberson에게 받았다. 그녀는 나의 의식을 확장시키는 한 형태로서 레이키를 즐겁게 탐구할 수 있도록 격려해 주었다. 그리고 레이키 티쳐 메리 두덱Mary Dudek에게는 티쳐 레벨을 교육받았다. 두덱은 순서의 단순함으로 이 선물을 공유하는 방법을 가르쳐 주었다.

레이키의 발달 및 인간의 의식

레이키와 더불어 나의 발전은 인간 의식이 발전하면서 레이키라는 시스템 자체도 발전하고 있다는 것을 가르쳐 주었다. 레이키 계보에 대해 이야기하고 다른 사람들이 가르쳐주는 레이키에 계속 연연하는 것이 매우 중요했던 시기를 거쳐 수년이 흐르자, 나는 레이키의 가장 큰 발견은 에너지 자체에 귀를 기울이고 이것을 개인이나 도그마[1]에서 끄집어내는 것에서 시작된다는 사실을 깨달았다. 그래서 나는 수년 동안 오직 레이키 에너지에 익숙해질 수 있는 방법과 이것을 창조적인 방식으로 사용하는 방법에 대해 실험했다. 레이키 티쳐들이 가르쳐준 내용들을 무시한 것은 아니지만, 지금까지 다른 사람들이 내게 설명해 준 것보다 더 많은 무엇인가가 레이키에 있다고 생각했다. 또한 마카엘 스몰 라이트Machaelle Small Wright가 자신의 저서 《맵: 공동 창조적인 화이트 브라더후드 의료 지원 프로그램MAP: The Co-Creative White Brotherhood Medical Assistance Program》을 통해 밝힌 혁신적 성과를 나의 지식에 접목시켰다. 그녀의 기술을 이용해 데바의 영역과 레이키를 연결하고 레이키를 하나의 시스템으로서 확장시킬 방법을 이 영적 세계를 통해 안내 받았다.

나의 모든 레이키 실험에서 가장 기본이 된 가정은 내가 누군가에게 해를 끼치거나 누군가의 자유 의지를 침해하지 않는 한, 나는 내 영적 스승들의 안내에 따라 레이키를 사용하는 방법을 자유롭게 확장시킬 수 있다는 것이었다. 세월이 흐르면서 나는 원격 어튠먼트를 위해 레이키 어튠먼트 과정을 개조하는 혁신적인 방법을 알게 되었다. 처음에는 레이키 어튠먼트를 어떤 장소에 보내는 것이었다. 어튠먼트를 요청한 사람이 그곳을(특정 장소를) 걸어가면서 그 중심에 있는 동안 첫 번째 디그리 레이키에 어튠될 것이다. 나는 레이키를 어튠받지 않았지만

---

1 도그마dogma, 그리스도교의 교리를 이르는 말, 독단이라고 번역되기도 한다.

레이키를 배우는 것에 관심 있는 몇몇 친구들에게 어떤 장소를 걸어가면서 첫 번째 디그리 레이키에 대한 어튠먼트를 요청하라고 부탁했다. 나는 매번(이 실험은 몇 달간 계속되었다) 어튠먼트를 요청한 이들이 이 장소를 걸어간 후 그들의 손을 느꼈을 때, 그들의 손에서 레이키가 흐르고 있었다. 이후에 나의 영적 스승들은 어떤 장소를 걸어가는 행위는 사실상 불필요하며 어튠먼트는 특정 어구, 힘을 가진 일련의 단어들과 연결되면 발산될 수 있다고 내게 알려주었다. 단지 올바른 의도로 이 어구를 말하는 것만으로도 레이키에 어튠될 것이라고 가르쳐 주었다.

2000년 여름, 나는 뉴욕 라인백에 있는 세계 최대의 전인 학습 센터인 '전인 연구를 위한 오메가 협회Omega Institute for Holistic Studies'의 직원들에게 레이키를 가르치기 시작했다. 2002년 이후부터는 오메가 직원들을 대상으로 레이키 티쳐 레벨 수업을 시작했으며 이 책의 내용을 학생들과 함께 수업시간에 확인하였다.

셰익스피어가 유명한 연극 "햄릿"에서도 쓰지 않았던가. "이 세상에는 말일세, 호레이쇼, 자네 철학으로 상상할 수 있는 것보다 더 많은 것이 있다네."라는 말이다. 이것은 레이키의 경우도 마찬가지다. 레이키는 항상 비밀 속에 감추어져 있었다. 비밀이 있는 곳에는 항상 미지의 것을 탐구할 여지가 있기 마련이다. 레이키 계보를 존중하되 이 경이로운 에너지에 관한 가능한 진실을 모두 알고 있다고 착각하는 무지함은 버리도록 하자. 우리는 생명과 치유에는 자신이 알고 있거나 들은 것보다 더 많은 의미가 있다고 믿은 한 남자의 호기심과 영적 탐구에서 레이키 시스템이 생겨났음을 존중해야 한다. 레이키 에너지는 우리에게 드러내 보이기 위한 많은 비밀을 담고 있다. 우리가 우리 이전의 사람들이 알고 있던 내용에만 머물러 있다면 레이키가 앞으로 줄 수 있는 약속, 다시 말해 개인의 변화는 물론이고 모든 인류의 변화를 향해 절대 전진하지 못할 것이다.

2
어튠먼트 및 단계

레이키에는 세 단계가 있다. 첫 번째 디그리 레이키에서는 에너지가 당신의 손에서 흘러나온다.

두 번째 디그리에서는 레이키의 흐름을 강하게 하는 레이키 상징을 배우게 된다. 강해진 레이키의 흐름을 시공간을 가로질러 보낼 수 있다. 혹은 이것을 통해 정서적, 정신적 문제를 힐링하는데 보낼 수 있다.

세 번째 디그리 레이키는 티쳐 과정 Master Level 이다. 이 레벨에서 당신은 더 많은 상징들을 가지게 되어 신성한 어튠먼트 의식을 할 수 있게 된다. 어떤 티쳐들은 세 번째 디그리를 다시 두 레벨로 나누어 레이키를 총 4단계 시스템으로 가르친다. 이것은 더 높은 에너지 레벨이 흐르게 하고 싶기는 하지만, 레이키 티쳐가 되고 싶지는 않은 학생들을 위한 것이다. 그래서 세 번째 디그리로서 티쳐 과정의 활성적인 능력을 제공한다. 그 시스템에서 그들은 4번째 디그리를 마지막 티쳐 교육으로 여긴다.

어튠먼트 입문

레이키를 배우려면 어튠먼트라 부르는 입문 과정이 필요하다. 단순히 지적 수단이나 명상을 통해 레이키에 접근할 수는 없다. 레이키의 각 레벨에는 손과 크라운 짜끄라를 열어 각 레벨의 레이키 에너지를 받아들이는 어튠먼트가 있다. (짜끄라란 우리 인체의 일곱 군데에 존재하는 신성한 에너지 혈穴로써 몸통 맨 아래에서 시작해 위로 움직인다. 두개골 맨 위에 있는 크라운 짜끄라는 우리의 영적 자각, 신성과의 연결에 영향을 미치기도 하고 영향을 받기도 한다.) 전통적으로 이러한 어튠먼트는 레이키 티쳐가 직접 한다. 이 책의 독특한 점은 모든 사람이 레이키 티쳐가 되지 않고도 레이키에 쉽게 어튠할 수 있는 새로운 어튠먼트 방법을 제시한다는 것이다. 이러한 방법을 제시하는 이유는 전 인류에게 건강 및 영적 성장을 위해 일상 속에서 레이키를 활용할 수 있는 능력을 주기 위함이다. 이 책의 목적은 전문적인 레이키 힐러로 사람들에게 자격을 주거나 교육하는 것이 아니다. 당신이 레이키 힐러가 되어 레이키를 전문적으로 활용하고자 한다면 레이키 티쳐에게 가서 교육을 받는 것이 가장 좋을 것이다. 이들이 당신의 개인적인 의문이나 필요를 충족시켜 줄 수 있을 것이다.

모든 사람을 위한 레이키

안타깝게도 영적, 생태학적 위기에 처한 인간에게는 모든 사람이 레이키를 개인적으로 교육받을 수 있는 시간이나 자원이 부족한 실정이다. 일단 경제적인 부분이 문제가 되며, 기본적으로 보이지 않는 어떤 것에 기초한 힐링 방법에 많은 시간과 에너지, 돈을 투자하고 싶어 하지 않는 사람들의 의심도 한 몫 한다. 그러므로 유용하고 간편하며 접근이 용이한 방식으로 전 인류에게 레이키를 제공하는 것이 중요하다. 또한 모든 인간의 건강을 위해, 모든 인류의 전체 진동을 향상시키기 위해, 그리고 지구 전체의 이익을 위해 레이키가 반드시 필요하다.

옛 레이키 연구소의 사람들은 레이키란 모든 사람이 소유할 수 있는 것이 아니며 영적으로 발달한 사람을 위해 보존되는 것이라고 말할지도 모른다. 이들은 또한 레이키란 반드시 노력을 통해 획득해야 하며 거저 얻어서는 안 되는 힘이라고 말할 것이다. 레이키를 거저 얻어서는 안 된다는 관점에서는 이 주장에 동의한다. 내가 무료로 어튠한 몇몇 사람들은 이 새로운 힐링 능력에 감사하지 않는 것 같았다. 레이키는 신성한 에너지인데 이것을 깨닫지 못하는 사람들이 있을 수 있다. 이 선물을 당연하다고 여기고 이것이 자신의 삶에 가져올 수 있는 놀라운 힘에 대해 완전히 깨닫지 못할 사람이 있다. 하지만 이런 사람들 때문에 모든 인류에게 레이키를 제공하는 것을 망설일 수는 없다. 또한 현재 레이키 힐러가 되기 위한 과정은 경제적 부담이 크다. 이러한 과정에는 영적인 면이 거의 포함되지 않은 듯하다. 그러므로 나는 자연적 힐링으로서의 레이키 시스템을 시작해 보고자 하는 사람들에게 이 책을 선사한다. 레이키가 우리 인생에 미칠 수 있는 무한한 능력을 발견하고자 하는 사람에게도 이 책을 추천한다. 이 책에서 에너지 교환의 개념을 무시하는 것은 아니지만 모든 사람이 레이키를 활용할 수 있도록 노력하고 성취하는 것으로 그 개념이 전환되었다.

어튠먼트 과정의 확장

나는 레이키 시스템에 사용되는 신성한 상징들을 연구한 후 수년 동안 이것에 대해 실험하고 이것을 다른 사람들에게 가르쳤다. 그러면서 나는 다양한 어튠먼트 기술과 여러 가지 가능성을 발견했다. 먼저 시공간에 상관없이 레이키 어튠먼트를 보낼 수 있다. 본질적으로 이 말은 레이키 티쳐가 과거, 현재, 미래 어느 시점에서도 지구에 있는 누군가에게 비법을 전수할 수 있다는 의미이다. 받아들이기 조금 어려운 말일 수도 있지만 이것은 사실이다. 둘째, 여러 사람에게 어튠먼트를 직접 보내기만 한다면 한 번의 레이키 어튠먼트로 이 사람들 모두를 레이키에 입문시킬 수 있다. 셋째, 레이키 어튠먼트는 개인이나 그룹을 어튠하기 위해서 행동, 말, 의지력으로 활성화될 수 있다.

이 세 가지 원칙은 레이키 세계에서는 잘 알려지지 않았으며 오로지 집중적인 실험을 통해 발견된 것이다. 우리 티쳐들이 알지 못했다는 이유만으로 사람들을 레이키에 어튠하는 이 새로운 방법을 무시해서는 안 된다. 나는 레이키에 어튠한 적이 없는 사람들에게 동의를 얻은 후 이들에게 이 방법을 십 년 이상 실험해 왔다. 매번 그 효과가 증명되었으며 전 인류에게 레이키 회원들을 양성하는 the circle of Reiki light 능력을 효율적으로 확장시킬 수 있다는 사실이 밝혀졌다.

위에 약술한 세 가지 원칙을 이용해 이제부터 레이키 입문 과정을 시작해 보도록 하자. 하지만 챈트를 읊어 어튠되기에 앞서 3장을 모두 읽기 바란다. 레이키 어튠먼트를 받아들였을 때의 결과를 이해하고 이에 따른 에너지 교환에 동의하는 것이 무엇보다 중요하기 때문이다.

3
첫 번째 디그리 레이키 입문

　내가 이 장 뒷부분에서 제시한 레이키 첫 번째 디그리 어튠먼트 챈트를 말하는 모든 사람들에게 언제 어디서나 레이키 어튠먼트가 보내졌다. 이 장 뒷부분에서는 챈트 이용에 대한 더 자세한 지침 및 권장사항을 제시할 것이다. 당신이 첫 번째 디그리 레이키에 어튠하고자 이 챈트를 말한다면 그 어구를 말하는 도중에 어튠될 것이다. 이것은 어튠되기를 바라는 동안 레이키 첫 번째 디그리 어튠먼트 챈트를 말하는 사람과 만나기 위해, 어튠먼트가 시공간을 가로질러 발산되었기 때문에 가능한 일이다.

　이러한 과정을 요청하기 전에 당신이 알아야 할 사실은 어튠먼트가 당신의 전반적인 진동을 변화시킬 것이라는 점이다. 더 정확히 말하자면 당신의 진동이 더 높은 수준으로 향상될 것이다. 어떤 사람들에게 이것은 경이로운 경험이다. 이것은 모든 사람이 경험하는 힐링 과정이다. 간혹 이 힐링 경험을 통해 예전부터 상처를 억눌러오던 케케묵은 감정의 벽을 허물어버릴 수 있는 사람도 있다. 때로 어튠먼트는 우리가 먹고 생각하고 일하는 방법, 우리가 관계를 맺는 사람들을 완전히 변화시킬 것이다. 이러한 변화를 기꺼이 받아들일 준비가 되어 있지 않다면 어튠먼트를 진행하지 않는 것이 현명한 일일 것이다.

어튠먼트를 위한 에너지 교환

전통적으로 레이키에 어튠되려면 몇 가지 형태의 에너지 교환이 필요하다. 에너지 교환에 대해서는 확신이 있지만 이것에 항상 돈을 투자할 필요는 없다고 생각한다. 또한 반드시 레이키 티쳐와 직접 에너지를 교환할 필요도 없다는 것이 내 생각이다. 어튠먼트는 신성으로부터 나오는 것이며 중요한 것은 이 선물에 감사하는 행동이다. 일반적으로 이 감사 행위는 신성한 어튠먼트 과정을 하기 위해 시간과 에너지를 소모한 레이키 티쳐를 향할 것이다. 때로는 이 개념이 왜곡되어 어떤 사람들은 레이키의 은총을 얻기 위해 상당한 금액을 지불하기도 한다. 엄청난 돈이 필요하지는 않더라도 무언가 되돌려 주어야 한다는 것에는 동의한다.

내가 개인적인 시간을 할애해 어튠먼트 챈트를 말하는 모든 사람을 한명 한명 어튠할 수는 없으므로, 이 책의 저자로서 내가 할 수 있는 것 이상의 어떤 것을 요구하는 것은 옳지 않다고 생각한다. 하지만 각 사람이 어튠먼트를 요청하기 전에 정성을 다하는 것이 중요하다는 생각에는 변함이 없다. 선행을 하거나 자선단체에 돈을 기부하는 것도 좋다. 당신이 새로 발견한 레이키라는 선물을 요양원에 있는 사람들을 힐링하거나 고통받는 동식물을 돕는 데 활용하는 것은 어떨까? 당신이 이 힐링의 빛을 확장시키고 이 새로운 선물에 대한 감사의 마음을 신성에게 전달할 수 있는 가장 좋은 방법은 보상에 대해 생각하지도 요청하지도 않고 세 시간을 온전히 레이키에 헌신하는 것이다. 에너지 교환을 완수하기 위해 당신이 할 수 있는 일에 대해 생각해보라.

어튠먼트 준비

준비가 되었다면 첫 번째 디그리 레이키 어튠먼트를 받고자 하는 날짜를 정한다. 이 특별한 날을 영적 캘린더 상의 중요한 날로 정하거나 달의 모습이나 계절에 따라 정할 수도 있을 것이다. 어찌 되었든 이 의식을 위해 하루를 전부 비워두도록 하라.

어튠먼트를 위해 선택한 날이 되면 아침에 소금을 이용해 긴 목욕을 하도록 한다. 긴장을 풀고 오라aura를 깨끗이 하는 데 도움이 될 것이다. 목욕이 끝나면 꽉 죄지 않는 편안한 옷으로 갈아입는다. 그 후 조용한 방 또는 특별함이나 신성함을 느끼는 장소로 들어간다. 당신만의 영적 수행을 위한 제단이 있다면 그 앞에 앉아도 좋을 것이다. 내면의 자아가 신성한 어튠먼트를 받기에 가장 좋은 곳으로 인도하도록 내버려 두어라.

반드시 필요한 것은 아니지만 우리의 진화를 위해 우스이 박사가 이 시대의 인류에게 레이키라는 선물을 돌려준 것에 대해 존중을 표하기 위해 흰 초를 밝힐 것을 권장한다. 우스이 박사는 레이키의 창조자도 아니고 레이키의 원천도 아니지만, 레이키가 인류에게 환원된 것은 그의 영적 탐구 덕분이었다. (아틀란티스 섬이나 이집트 그리고 어쩌면 다른 곳에 살았던 인류는 여러 시대에 걸쳐 레이키를 할 능력이 있었다고 나의 영적 가이드들이 말했다. 문제는 인간의 자아와 오만함이 항상 방해가 되어, 어떤 사람들에게는 이 빛이 금지되고 특정 사람들에게만 이 힘과 통제력이 허용되는 영적 귀족사회가 만들어졌다는 것이다. 우리는 전체적인 까르마 교훈을 배우고 이 빛이 항상 퍼져 나갈 수 있도록 해야 한다.)

우스이 박사를 위해서뿐만 아니라 신성을 위해서도 초를 밝힐 것을 권장한다. 당신은 어떤 형태로든 신성을 보게 된다. 레이키는 신성으로부터 나오는 것이며 이 의식은 당신을 위한 것이기 때문에 개인적인 감사의 마음을 표현한다고 해서 해가 될 것은 없다.

어튠먼트 경험

어튠먼트를 위해 초를 밝히고 신성한 공간으로 들어가면 스스로 마음을 진정시켜라. 영혼이 당신을 움직이면 다음의 챈트를 반복한다.

우리에게 레이키를 선사한 당신을 찬양합니다.

이 신성한 빛을 계속 내려주시는 당신을 찬양합니다.

첫 번째 디그리의 레이키 어튠먼트를 요청하오니

모두에게 은총을 베푸소서.

제게 은총을 베푸소서.

챈트는 한 번만 말해도 된다. 하지만 영감을 받은 느낌이 든다면 원하는 만큼 여러 번 말할 수 있다. 당신은 어튠될 의도로 챈트를 말해 어튠하는 모든 사람을 향해 발산된 어튠먼트와 가로질러 만난다. 이러한 어튠먼트 방법이 정확하지 않다며 반대하는 사람도 있을 수 있으나, 이것은 내가 1995년 실험을 시작한 이후부터 무수히 많이 시험한 것이며 단 한 번도 실패한 적이 없다. 또한 모든 레이키 티쳐들은 첫 번째 디그리와 두 번째 디그리 어튠먼트의 유일한 차이점이 레이키 티쳐의 의도에 있다는 것을 알고 있다. 모든 레이키 티쳐들은 시간과 공간을 초월한 레이키의 특별한 상징이 갖는 힘에 대해서도 알고 있다. 그러므로 의도의 개념과 시공간을 초월한 개념이 이미 레이키에 내재되어 있다. 이 어튠먼트 방법은 적절한 사람에게 어튠먼트가 전달되도록 도와주기 위한 수단으로 챈트를 이용한다는 이러한 개념들을 함께 결합하는 것이 전부이다.

일단 첫 번째 디그리 레이키에 어튠하면 얼마 동안 자신에게 몰입하고 싶을 것이다. 어튠먼트 후 찾아오는 이 소중한 순간은 매우 특별할 수 있다. 당신이 미세한 에너지에 얼마나 민감한가에 따라 즉시 머리나 손의 차이를 바로 느낄 수도 있고 그렇지 못할 수도 있다. 어튠먼트를 경험하는 올바른 방법이란 없음을 깨달아야 한다. 변화가 미미하게 느껴지거나 와 닿지 않는다고 해도 겁먹지 마라. 당신은 어튠되었다. 레이키 에너지는 지금 당신 손을 통해 흐를 것이다.

어튠먼트가 이루어지면 당신의 손을 통해 흐르는 에너지는 더 많이 사용할수록 더 강해질 것이라는 사실을 꼭 기억해라. 내가 첫 번째 디그리 레이키에 어튠했을 때, 사이킥 힐러이자 에너지 힐러였던 나조차도 내 손에서 나오는 에너지의 변화를 거의 알아차리지 못했다. 하지만 시간이 흐르면서 진동은 점차 강렬해졌다. 어떤 사람은 '손이 뜨거워서' 이 변화를 즉시 알아차릴 것이다. 당신이 느끼는 것은 무엇이든 당신에게 적합한 것임을 명심해라. 이날을 신성한 날로 생각하고 이제 당신의 진동이 더 높은 수준으로 향상되어 생명을 위해 변화되었음을 인지해라.

전통적으로 어튠한 후에는 즉시 자신을 위해 레이키를 사용하는 방법과 타인에게 레이키 힐링을 하는 방법에 대한 교육을 시작했다. 하지만 이 책을 가진 이상 당신은 자신의 속도대로 과정을 진행할 수 있기 때문에 이 신성한 의식을 축하할 시간을 가져도 좋을 것이다. 혹은 원한다면 전통에 따라 즉시 레이키를 자신에게 활용하는 방법으로 이동해도 좋다. 당신이 원하는 것과 당신의 안내가 있는 직관에 따라 움직이도록 하라.

4
레이키 자기힐링

    레이키에 어튠했다면, 가장 먼저 배울 일이 바로 자신을 힐링하기 위해 이 신성한 에너지 시스템을 이용하는 방법이다. 레이키 자기 힐링은 매우 간단하며 필요할 때는 언제든지 활용할 수 있다. 어튠한 이후 21일 동안 적어도 하루에 한 번은 이 에너지를 이용할 것을 강력히 추천한다. 이 21일 동안 당신의 에너지 진동에 변화가 생기면서 보통 주요한 변화들이 발생한다. 당신의 신체는 독성이나 케케묵은 정서적 기억을 배출할 수도 있고 증가한 진동으로 말미암은 새로운 컨디션에 적응하고 있을지도 모른다. 자신에게 레이키를 선사함으로써 신체가 이 시기를 극복할 수 있도록 돕는 것이 중요하다. 이 시기 동안에는 물을 많이 마셔라. 물을 많이 마시면 신장이 독성을 배출하는 것을 도와 이것이 신체로부터 빠져나갈 준비를 끝마치게 되기 때문이다.

자기 힐링 방법

    레이키 자기 힐링을 시작하기 위해 침대나 바닥에 편안히 눕는다.

의자에 앉아서 할 수도 있지만, 사람들은 보통 눕는 것을 더 좋아한다. 손을 깨끗이 씻는다. 씻는 행위는 맑고 순수한 의도로 레이키 힐링에 임함을 나타내는 것이다. 씻고 가장 먼저 눈을 힐링하여 눈이 더러워지지 않도록 보호한다.

눈

손바닥에 힘을 빼고 눈 위에 부드럽게 올려놓는다. 손은 그대로 있으며 압력을 가하지 않는다. 손가락은 벌리지 말고 모아야 한다. 레이키가 흐르도록 특별한 동작을 취할 필요는 없으며, 레이키를 당신이 밀어낼 수 없는 신성한 강이라고 생각해야 한다. 단순히 레이키가 흐르도록 내버려 두면 된다. 처음에는 아무것도 느끼지 못할 수 있다. 보통은 손이 따끔거리거나 온기가 빠져나가는 것을 느끼게 되는데, 모든 사람이 이런 경험을 하는 것은 아니다. 그러므로 아무 느낌이 없더라도 걱정하지 마라. 레이키가 신성의 지시에 따라 움직이고 있으며 지혜롭다는 사실을 기억하고, 그저 레이키가 해야 할 일을 하도록 내버려 두어라. 이 자세를 3~5분간 유지한다.

　이 동작을 하는 동안 호흡의 변화를 느낄 수 있다. 나는 레이키 힐링을 시작하고 몇 분이 지나면 깊은 한숨이 새어나오는 것을 자주 경험한다. 당신은 고요함이나 안정감, 심지어는 졸음을 느낄 수도 있다. 이 과정이 진행되는 동안 당신을 힐링하는 것은 당신의 에너지가 아니라 신성의 에너지임을 기억하라. 당신이 아무것도 느끼지 못한다 하더라도 신경 쓰지 말고 그대로 두어라. 손을 계속 같은 위치에 둔 채 자세를 유지하는 것이 중요하다.

머리

몇 분 동안 눈을 힐링했다면 이제 손을 부드럽게 머리 옆쪽으로 옮겨 손바닥이 양쪽 관자놀이 위에 놓이게 한다. 다시 3~5분 동안 이 자세를 유지한다. 시간이 지나면 자세를 바꿀 적당한 시간을 감지하게 될 것이다. 손을 통해 전달되는 정보를 들을 수 있게 될 것이기 때문이다. 하지만 우선은 각 자세를 3~5분간 하도록 한다.

관자놀이 힐링이 끝나면 손을 움직여 이제 손바닥으로 귀를 덮는다. 손을 그대로 둔 채, 3~5분간 레이키가 흐르도록 한다.

귀를 힐링한 후에는 턱을 따라 손을 움직인다. 악관절TMJ 장애가 있거나 화를 잘 표현하지 못하는 사람이라면 이곳을 특히 잘 힐링해야 한다. 화가 나면 이를 턱에 축적해 놓는 경우가 많은데, 레이키는 이 신체 부위의 긴장을 완화하는 데 매우 유용하다. 다른 자세와 마찬가지로 이 자세도 3~5분간 유지한다.

앞 몸통 가장자리

다음으로, 앞 몸통의 양 가장자리에 두 줄로 내려가는 위치를 힐링한다. 양손을 양쪽 가슴 상부로 가져가 손끝을 어깨와 좌우 측면 목 사이 중간 지점의 쇄골에 둔다. 이 자세에서 자신에게 편안한 위치를 찾아 조정한다. 무언가 잡아당기는 듯한 느낌이 나거나 불편하다면 손의 위치를 바꾸어 안정을 찾는다. 이것은 요가가 아니며, 신체는 사람마다 다르기에 자신의 몸이 하는 말에 귀 기울여야 한다. 내게 효과가 좋은 것이 당신에게도 꼭 필요하다는 법은 없다. 그러므로 이 자세를 비슷하게 따라 하되 정확하게 하지 않아도 된다. 레이키는 지혜로우므로 가야 할 곳으로 알아서 흐를 것이다.

가슴 상부를 힐링한 후에는 손을 아래로 움직여 각 가슴을 덮으며 기본적으로 레이키가 폐와 주변 근육 조직을 힐링한다. 손가락은 여전히 모으고 벌리지 않아야 한다. 다른 자세와 마찬가지로 이 위치에 3~5분간 손을 그대로 둔다. 폐를 힐링하는 것은 중요하다. 나는 기침 감기가 시작되려고 할 때 5분간 레이키를 함으로써 울혈을 제거할 수 있다는 것을 깨닫게 되었다.

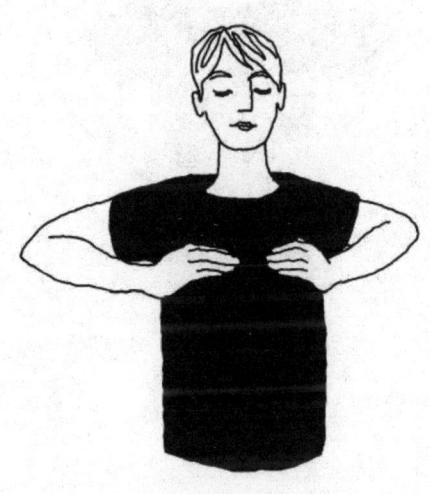

다음 위치는 흉곽 하부이다. 다시 한 번 손을 부드럽게 움직인다. 손을 약간 측면에 둔다. 나중에 정면으로 다시 돌아와 신체 앞쪽과 중간 부분을 따라 내려가며 힐링할 것이다.

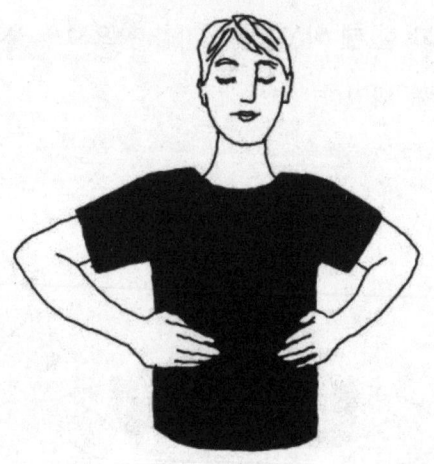

이 지점에서 적당한 시간이 흐른 후 손을 복부 측면을 향해 아래로 내린다. 이 부분을 3~5분간 힐링한다.

이 세션의 마지막 자세로, 손바닥이 골반 위 허리에 오도록 둔다. 이 자세를 3~5분간 유지한다. 이제 몸통 가장자리 두 줄의 힐링이 끝났다.

몸통 중앙

목으로 다시 올라와 이제 몸통 중앙을 힐링한다. 먼저, 목젖에서 2.5~5센티미터 떨어진 목 주변으로 손바닥을 가져간다. 이 부위는 매우 민감한 곳이므로 직접 만질 필요는 없다. 레이키가 손바닥에서 목으로 흐를 것이다. 직접 접촉하지 않아도 괜찮다. (실제로, 직접 접촉하는 것이 전혀 필요치 않은 것은 아니다. 레이키를 힐링하는 동안 어떤 부위도 만지지 않는 레이키 힐러들이 더러 있다. 하지만 나는 대부분의 레이키 힐러들이 그러하듯이 되도록 직접 접촉하는 것을 좋아한다. 사람들은 대부분 레이키가 흘러가고 있는 손의 온기를 느끼는 것을 좋아한다. 하지만 당신이 직접 접촉하는 대신 그 부위에서 손을 조금 떼는 것이 더 좋다면, 이것도 효과가 있을 것이다.) 이 자세를 3~5분간 유지한다. 이 부위는 자신을 정서적으로 표현할 필요가 있는 사람에게 특히 중요하다. 이 위치는 인간의 의사소통을 관장하는 에너지 센터인 목 짜끄라를 포함한다. 이 위치의 레이키를 제대로 활용하면 인후염을 효과적으로 힐링할 수 있으며 말을 잘 섞지 못하던 사람들과의 관계 및 우정을 개선하는 데에도 매우 효과적이다.

목을 힐링한 후에는 손을 서로 가까이하여 아래로 움직인다. 손바닥을 가슴 짜끄라 부위에 놓는다. 이때 실제로 심장이 있는 곳이 아니라는 것에 주의한다. 가슴 짜끄라는 가슴 중심에 있으며 횡격막에서 몇 인치 떨어진 곳에 있다. 이곳은 심장 문제를 해결하는 데 도움이 되는 부위이며, 레이키가 이 위치에서 실제 심장까지 흐를 것이다. 이 자세를 3~5분간 유지한다.

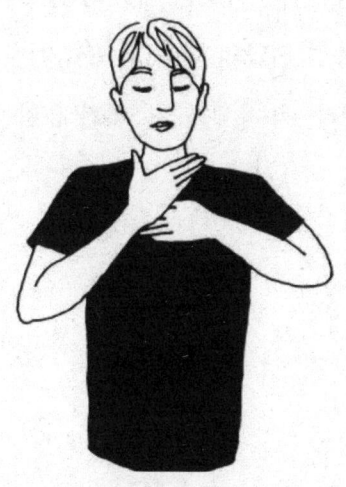

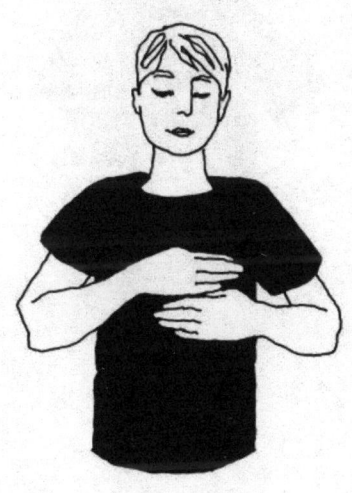

이제 두 손을 여전히 서로 가까이 둔 채 아래로 움직여 배꼽과 횡격막 사이를 감싸도록 한다. 이것은 태양신경총(파워) 짜끄라 부위를 감싸주며 의지력과 능력 전달의 힘을 회복시키는 것을 도와준다. 또한 소화에도 도움이 된다. 이 자세를 3~5분간 유지한다.

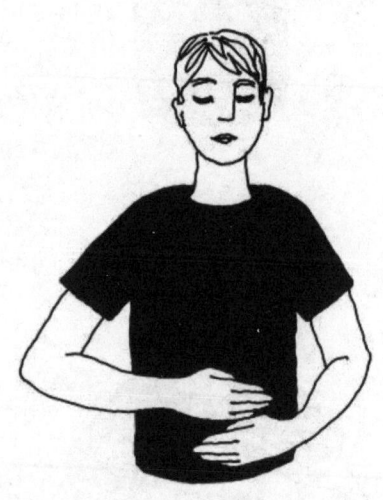

다음 자세로 손을 아래로 내려 배꼽과 골반 상부 사이를 감싼다. 이 곳에서 성적 발달을 조절하고 사람의 창의적인 흐름을 돕는 짜끄라로 레이키가 흐르게 된다. 이 자세를 3~5분간 유지한다.

몸통 중앙의 마지막 자세는 "T"자를 만드는 것이다. 왼손을 생식기 위쪽에 두고(직접 접촉할 필요는 없다) 손가락이 오른쪽 엉덩이를 향해 수평이 되도록 한다. 오른쪽 허리에 왼손이 닿고, 오른손은 주먹을 쥐어, 오른손가락은 항문을 향해 아래를 가리키도록 한다. 이 자세는 인간 존재 대부분의 첫번째 부위인 생식기와 뿌리 짜끄라를 감싼다. 이 자세를 3~5분간 유지한다.

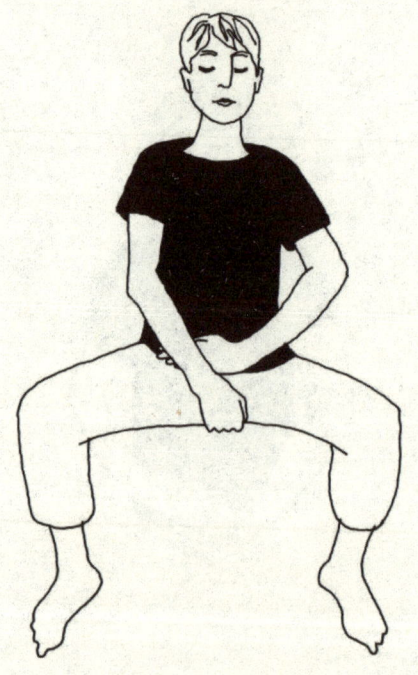

뒷머리와 등

이제 뒷머리에 레이키를 할 시간이다. 양손을 편안하게 머리 뒤에 둔다. 이 자세를 3~5분간 유지한다.

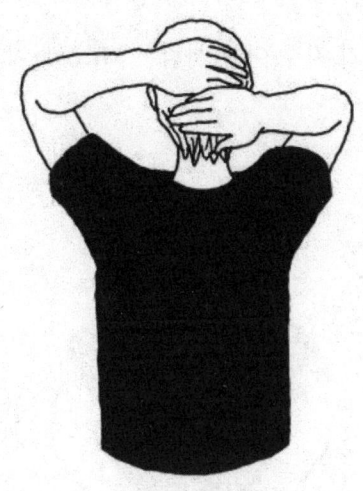

뒷머리를 힐링한 후에는 흉곽 바로 아래 등까지 손을 아래로 내린다. 이곳에서 레이키가 신장에 도달해 어튠먼트 및 자기 힐링으로 방출된 독소를 내보내는 것을 돕는다. 이 자세를 3~5분간 유지한다.

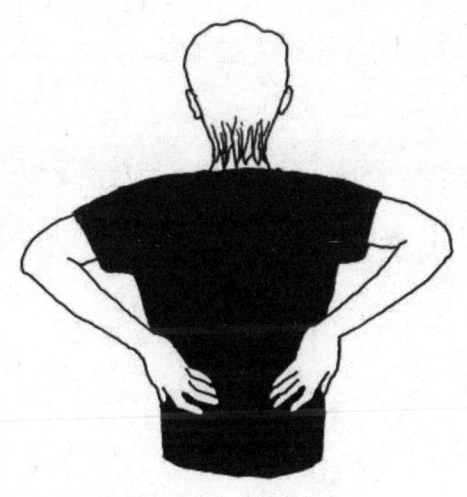

다음으로 손이 미골 또는 꼬리뼈를 감싸도록 한다. 이 자세를 3~5분간 유지한다. 허리가 자주 아픈 사람은 더 오래 이 자세를 유지한다.

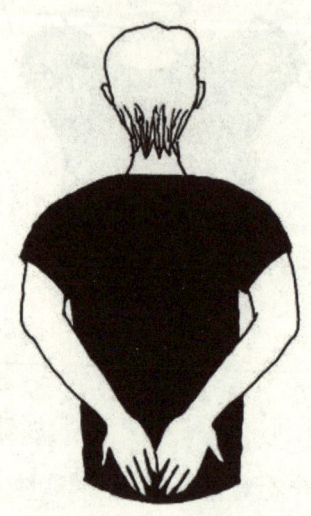

무릎과 발

다음은 무릎이다. 한 손씩 각 무릎에 얹고 레이키가 3~5분간 흐르도록 한다.

마지막 자세는 발 아치를 쥐는 것이다. 레이키를 이 부위로 흘려보내 당신을 안정시킨 후 레이키가 다시 중심으로 돌아가게 하여 힐링을 끝마친다.

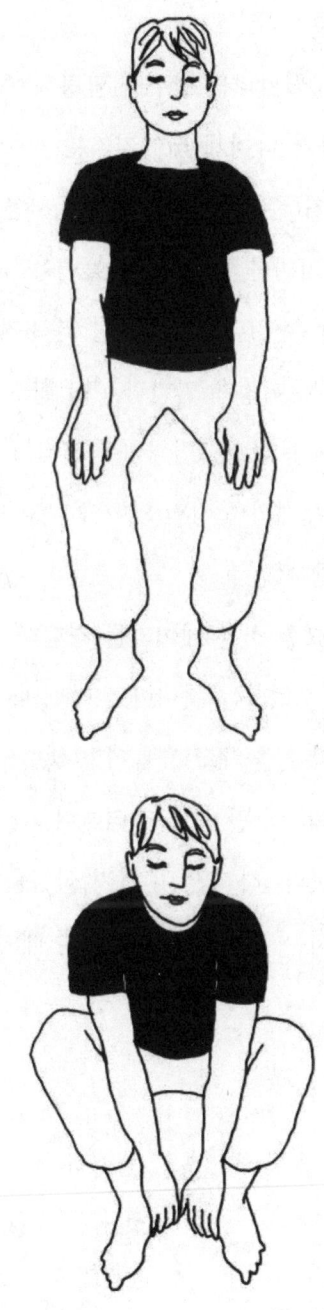

자기 힐링이 끝난 후

레이키 자기 힐링이 끝났다면 당신을 힐링해 준 에너지와 존재에 감사를 표한다. 나는 과거 나에게 레이키라는 선물을 가져다준 레이키 티쳐를 포함해 "레이키 존재들"이라는 말을 사용한다. 이 말은 천사, 데바, 그리고 내가 레이키를 할 수 있는 능력을 갖추도록 도와준 다른 영적 존재들을 포함할 수 있다. 물론 신성 역시 레이키 존재로 생각한다. 힐링이 끝나면 나는 이렇게 말한다. "이 힐링의 선물을 주신 것에 대해 레이키 존재들에게 감사드립니다." 그리고 마지막으로 손을 씻는다. 이것은 정화와 해제의 상징적 의미를 담고 있다. 손을 깨끗이 하는 신체적인 역할도 한다.

여기서 한 가지 중요한 점은 레이키를 경험하기 위해 이 자기 힐링 전체를 항상 할 필요는 없다는 것이다. 그때그때 레이키가 필요할 것 같은 신체 부위에 그저 손을 대고 흐름이 발생하도록 할 수 있다. 아프거나 부상을 당한 사람이라면 특히 그러하다. 자기 힐링은 하루에 한 번 정기적으로 해야 한다. 하지만 이 자기 힐링을 통해 자신에게만 레이키를 하는 데 그쳐서는 안 된다. 이제 매일 레이키를 활용하는 자세한 방법을 알아보자.

5
레이키의 일상적인 활용

레이키는 자기 힐링을 위한 단순한 도구 그 이상의 것이다. 레이키는 신성, 그리고 우리가 상호작용하는 모든 존재와 우리를 더 깊게 연결해줄 수 있다. 심지어 우리가 섭취하는 영양분을 강화시킬 수도 있다. 나를 가르친 한 레이키 티쳐는 레이키라는 존재를 신성한 염료에 빗대어 설명했다. 우리가 자신이라는 천을 이 염료에 담글 때마다 우리 자신의 신성한 본성이 더 많이 드러나게 된다는 것이다. 티쳐의 이러한 유추와 일맥상통하여, 다음에서는 일상 속에서 자신을 이 염료에 한층 더 깊이 담글 수 있는 방법에 대해 몇 가지 간단하게 알아보고자 한다.

레이키 힐링: 음식

레이키 자기 힐링을 확장하는 한 가지 방법은 당신이 먹는 모든 것에 이 힐링을 하는 것이다. 음식은 우리에게 영양분을 제공할 뿐만 아니라 그 음식의 진동 역시 우리의 일부분이 된다. 당신이 먹는 음식이 사랑과 빛의 공간에서 진동한다면 당연히 당신에게 더 이로울 것이다. 나는 식사하기 전, 단순히 음식 위로 손을 갖다 대는 것만으로 내 음식에 레이키를 한다. 당신이 자기 힐링을 할 때 목 위 조금 떨어진 곳에 손바닥을 대면 레이키가 당신의 목으로 흐르는 것과 마찬가지로 이번에는 레이키가 음식에 흐를 것이다. 레이키는 컵이나 유리잔을 통해 당신이 레이키로 힐링하고자 하는 음료에도 흐를 것이다. 맛이 실제로 변한다고는 말할 수 없지만 레이키로 힐링한 음식의 품질은 특별해진다. 이 특별해진 음식은 당신의 모든 것에 영향을 미친다. 음식이 말 그대로 당신의 일부가 되었기 때문이다. 어떤 레이키 티쳐들은 특정 음식을 먹기 전 오랫동안 힐링할 것을 권장한다. 신체의 독소와 질병을 정화하는 데 도움이 된다는 것이다.

식물, 동물, 무생물을 위한 레이키

당신은 식물, 동물, 무생물에게도 레이키를 줄 수 있다. 나는 걸어가면서 종종 나무에 레이키를 준다. 숲이나 방대한 자연에서 나무를 베어다 놓은 도시를 걸어갈 때면 특히 더 그렇다. 조금만 자세히 살펴보면 도시에 있는 나무의 에너지가 숲에서 자라는 나무의 에너지보다 그 생명력이 훨씬 약하다는 것을 알 수 있을 것이다. 나무, 실내 화초, 정원의 꽃들에게 모두 레이키를 할 수 있다. 또한 레이키를 하면서 레이키가 당신에게도 흘러 당신 역시 레이키를 받게 된다.

동물도 보통 레이키를 잘 받아들인다. 나는 개 몇 마리에게 레이키를 한 적이 있는데 이 개들은 힐링하는 중에 잠들어버렸다. 나는 그저 동물이 허용하는 곳에 손을 얹고 레이키가 흐르게 두었다. 무슨 일이 벌어지고 있는지 동물들이 이해하지 못하는 듯 보이는 경우도 몇 번 있었다. 동물이 놀라거나 당황하면 힐링을 즉시 끝낸다. 동물이 혼란을 겪는다면 당신이 동물에게 할 수 있는 힐링이 상쇄될 것이다.

무생물을 레이키로 힐링해 이들의 기능을 향상시킬 수도 있다. 자동차의 배터리가 방전되자 이를 레이키로 작동시킨 사람도 있다. 내가 개인적으로 이런 경험을 한 것은 아니지만, 레이키의 짧은 힐링으로 몇 분전까지만 해도 작동하지 않던 잔디 깎는 기계를 움직이게 하는 것을 도와준 적은 있다. 이런 일이 어떻게 일어나는지는 나도 정확하게 말할 수가 없다. 핵물리학과 전기 공학 박사가 레이키 티쳐가 된다면 이러한 현상에 대해 더 잘 이해하게 될 날이 올 것이다. 내가 추측하기에는 레이키 힐링 동안 분자 수준에서 발생한 변화가 몇몇 전기 문제를 변화시키고 해결한 것 같다. 레이키는 부서진 창문을 고치거나 펑크 난 타이어를 부풀게 하지는 않을 것이다. 하지만 기구들에 레이키를 사용하면 그 기능에 분명 도움이 될 수 있으며 당신이 이 경이로운 선물을 계속 이용할 수 있는 기회가 되기도 한다.

6
가족 및 친구를 위한 레이키 힐링

이 책은 당신을 레이키에 어튠하는 힘을 가지고 있음을 강조하고 싶다. 또한 여기서 핵심은 레이키를 일상에 활용하는 것이다. 앞서 말했듯이 당신이 레이키를 전문적으로 활용하고자 한다면 전문 교육을 받도록 하라. 당신의 레이키 기술에 일대일로 조언을 구하고 당신이 레이키 힐러의 길을 걸으면서 갖게 되는 질문에 대한 답을 얻는 데 전문적인 교육 외에 다른 방법은 없다. 당신이 마사지 테라피 자격을 얻기 위한 경험을 책을 통해 할 수 있는 것은 아니다. 이처럼 이 책을 읽고 어튠먼트를 구한다고 해서 당신의 어튠에 대해 돈을 청구할 수는 없다.

여기서 말하고자 하는 것은 인류가 번성하고 생존하려면 우리가 더 큰 공동체 의식을 가져야 한다는 것이다. 레이키를 이용해 당신과 가까운 사람들이 건강을 유지하도록 돕기를 권장한다. 다음에 설명할 힐링을 통해 사람들이 서로를 보살피려는 마음이 생기기를 바란다. 또한 교육받지 않은 힐러가 돈을 벌 목적으로 이 힐링을 사용하지 않기를 바란다.

교육받지 않은 힐러가 마치 사기꾼처럼 완전한 교육을 받은 힐러인 양 가장하여 신성이 준 이 선물을 받아들인다면 굉장히 부정적인 까르마를 감당하게 될 것이라는 사실도 경고해야겠다. 당신은 이러한 행동으로 어떠한 이득도 얻을 수 없다. 경고하건대 레이키 어튠먼트를 받은 것과 관련해 어떤 식으로든 다른 사람을 속인 사람들의 최후는 끔찍했다. 당신이 속이려는 존재는 만물을 내다볼 수 있으며 전능한 힘을 가지고 있다. 이 경고를 가볍게 생각하지 마라.

그러니 당신의 친구나 친척을 힐링하라. 리시버가 아프거나 특정 질환으로 고통받고 있다면 아마도 당신은 이 사실을 알게 될 것이다. 그러나 먼저 그 사람이 힐링을 통해 얻고자 하는 것이 있는지를 물어보는 것이 현명하다. 목이 아파서 괴로워하던 할머니가 정작 힐링을 통해 원한 것은 다른 가족의 잔소리에 신경쓰지 않을 방법일 수도 있다. 그러니 먼저 대화를 통해 리시버가 원하는 것을 알아내자. 어떤 경우에도 질문하고 듣고 레이키가 반응하게 하라.

나는 레이키가 정말 지혜롭다는 사실과, 말로 표현한 문제가 힐링 중에 어떤 방식으로든 항상 해결될 것이라는 사실을 깨달았다. 힐링을 통해 그 문제를 완전히 힐링할 수 없다 하더라도 힐링을 위한 문을 열어 주어 전진할 수 있도록 할 것이다.

힐링을 위한 준비

힐링을 하는 장소는 매우 중요하다. 리시버가 조용하고 평화로운 분위기에서 편안하게 누울 수 있는 곳이 가장 좋다. 최상의 시나리오는 평온한 분위기를 연출하는 조용하고 부드러운 조명이 켜져 있는 방에서 마사지 테이블을 사용하는 것이다. 하지만 모든 사람이 이런 고급 시설을 갖추고 있지는 않으므로 당신이 가장 좋다고 판단하는 공간을 힐링에 활용하도록 한다.

리시버는 편안한 옷을 입고 침대나 바닥에 매트를 깔고 누워야 한다. 위에서 말한 것처럼 마사지 테이블에서 레이키를 하는 것이 가장 좋지만, 전문 힐러가 아닌 이상 평범한 집에 이런 테이블이 있을 리 없다. 리시버는 먼저 팔과 다리를 꼬지 않은 채 반듯이 누워야 한다. 안경이나 신발, 그 외 장식물은 벗어놓도록 한다. 아마 베개와 담요를 사용할 수 있을 것이다. 물론 베개는 리시버의 머리 아래 둔다. 발이 차가워지지 않도록 담요를 덮는다.

자기 힐링에서와 마찬가지로 손을 깨끗하게 씻어 순수한 의도를 가지고 있음을 상징적으로 표현한다. 그와 동시에, 첫 자세에서 리시버의 눈이 더럽혀지지 않도록 보호한다.

힐링 과정

레이키 힐링은 힐러가 자신을 통해 리시버에게로 흐르는 신성한 에너지를 담는 큰 그릇이 되는 신성한 과정이다. 레이키는 심플하고 신성하다. 에너지가 당신에게서 나오는 것이 아니라 당신을 통해 나오고 있음을 기억하는 것이 중요하다. 레이키 힐링을 하는 데 있어 당신 역시 스스로 레이키를 받고 있는 것이다.

기도

힐링이 모든 사람의 가장 큰 행복을 위한 일이 되기를 바라는 짧은 기도와 함께 힐링을 시작한다. 나는 보통 소리를 내지 않고 마음속으로 기도한다.

오라 쓸어내리기

기도하고 나면 손을 머리에서 발끝까지 아주 천천히 움직이면서 오라[2]를 쓸어내린다. 그러면 리시버의 오라가 가라앉아 차분해진다. 반대 방향으로 손을 움직이면 사실 오라를 성나게 하는 것이다.

오라를 쓸어내릴 때 단순히 손바닥을 아래로 향하게 하여 리시버의 신체 위로 당신의 손을 조금 떨어지게 하여 뻗는다. 그 사람의 몸에 길이가 약 15센티미터 정도 되는 보이지 않는 털이 나 있는 큰 고양이인 것처럼 생각해도 좋다. 오라는 이것보다 훨씬 더 멀긴 하지만 15센티미터가 이 기법을 위한 좋은 방법이라는 것을 알았다. 그저 이 상상의 털을 어루만지듯 행동하면서 엉켜 있는 털을 반드럽게 해주어라. 시간이 지나면서 마치 고양이를 어루만지다가 털이 뭉쳐 있는 것을 알게 되듯이, 에너지 장의 뭉쳐 있는 부분을 민감하게 느끼게 될 것이다. 이

---

[2] 오라aura, 인체나 물체가 주위에 발산한다는 신령스러운 기운, 심령학에서는 특수한 종교적 능력을 가진 자가 볼 수 있다고 한다.

비유는 꽤나 그럴싸하다. 뭉친 부분을 계속 어루만지면 점점 더 부드러워질 것이다.

나는 보통 머리에서 발끝까지 길고 느리게 세 번 오라를 정돈시킨다. 내 손이 발에 도달하면 리시버의 오라에서 손을 빼, 머리로 다시 거슬러 올라가면서 오라를 성나게 하는 일이 없도록 한다. 오라를 반드시 매번 부드럽고 천천히 움직이면서 세 번 가라앉힌다. 오라를 빠르게 쓸어내는 것은 사람들을 매우 깜짝 놀라게 하고 불편하게 느끼게 할 수 있다. 특히 매우 예민한 에너지를 가진 사람들은 더 그럴 수 있다.

눈

일단 오라를 가라앉혔다면 손바닥이 상대의 눈을 가리도록 손을 가볍게 올려놓는다. 당신의 손가락이 리시버의 턱 쪽을 향하고 엄지손가락은 리시버의 코 부근에 위치할 수 있도록 리시버의 머리 뒤에서 이 동작을 해야 한다. 리시버가 원활하게 숨 쉴 수 있도록 코에 압력을 가하거나 방해하지 않는다. 당신의 손에서 3~5분간 레이키가 흐르도록 둔다. 당신은 이 신성한 에너지의 강이 흐르기 위해 어떤 것을 떠올리거나 하지 않아도 된다. 분명 레이키가 당신을 통해 리시버에게 도달하기 때문에, 당신의 마음은 매우 차분해질 것이다. 그저 신성이 당신을 통해 이 힐링을 할 수 있도록 가만히 있어라. 다른 것은 아무것도 필요하지 않다.

머리

필요한 시간만큼 눈을 힐링했다면 손을 부드럽게 움직여 이제 손바닥이 리시버의 관자놀이를 덮도록 한다. 레이키가 당신의 손을 통해 3~5분간 이곳에 흐르게 한다. 자기 힐링을 할 때와 마찬가지로 반드시 손가락은 벌리지 말고 모아야 한다.

리시버의 머리를 힐링하는 동안 나는 이들이 생각하는 것, 이들이 걱정하는 문제에 대해 감지할 때가 있다. 하지만 레이키에 어뜬하다고 하여 당신이 전문 상담가가 된 것은 아니다. 당신이 리시버의 생각을 감지하게 된다면, 이러한 느낌이 레이키와 함께 당신을 지나가도록 할 것을 권장한다. 강한 이미지가 계속 나타나 이것을 이야기해야 한다는 아주 강한 인상을 받는다면, 힐링이 끝날 때까지 기다렸다가 당신이 힐링하는 동안 받은 느낌에 대해 말해도 좋을지를 리시버에게 물어본다. 상대가 동의한 것은 레이키 힐링이지 사이킥 리딩[3]이 아니므로 이들이 싫다고 말할 수도 있다. 리시버가 싫다고 말한다면 항상 그 사람의 의견을 존중하도록 한다. 리시버의 자발적인 선택을 존중하는 것도 신성한 힐링 과정의 일부분이다. 하지만 리시버가 좋다고 말한다면 친절하고 공손한 태도로 당신의 느낌을 전한다.

리시버의 관자놀이를 힐링한 후에는 손을 움직여 손바닥이 상대의 귀를 덮도록 한다. 이 자세를 3~5분간 유지한다.

---

[3] 사이킥 리딩psychic reading, 초자연적인 능력을 이용해 시공을 넘나들며 사물을 투시하는 것

귀를 다 힐링하면 손을 움직여 손가락이 턱끝을 향하게 리시버의 턱 양쪽에 둔다. 당신의 손바닥이 리시버의 양쪽 턱관절 근처에 있어야 한다. 자기 힐링과 마찬가지로 이곳은 화를 담고 있거나 신체적으로 긴장한 사람에게 효과가 탁월한 부위이다.

턱을 3~5분간 충분히 힐링했다면 리시버의 머리를 한쪽으로 조금 돌려 당신의 한쪽 손이 리시버의 머리 아래로 미끄러져 들어가도록 한다. 그런 다음 리시버의 머리를 반대 방향으로 돌려 당신의 다른 쪽 손이 역시 리시버의 머리 아래에 놓이도록 한다. 이제 리시버의 두개골이 당신의 손바닥에 놓이면서 레이키가 리시버의 뇌 뒤로 직접 흐르게 된다.

나는 대부분의 사람들이 이 부분을 힐링하는 것을 굉장히 좋아한다는 사실을 알았다. 레이키가 자신의 몸에 흐르는 것에 격렬히 저항하는 것처럼 보이던 사람들이 종종 이 부위에서 항복을 선언하고 진심으로 레이키가 들어오는 것을 받아들인다. 당신은 이곳을 힐링할 때 이들이 처음으로 깊은 한숨을 내쉬는 것을 듣게 될지도 모른다. 이들의 숨이 훨씬 더 깊고 고요해질 것이다. 이러한 현상은 주로 힐링 초기에 나타나지만 어떤 사람들은 레이키가 자신의 몸에 흐르는 것을 저항할 때도 있다. 어떤 이유에서든 이들은 레이키를 받아들이는 것을 힘겨워한다.

가끔은 진심으로 레이키를 원하지 않는 사람을 힐링할 때도 있다. 당신은 손이 매우 뜨거워지며 레이키가 당신을 매우 강하게 통과한다는 것을 느낄 수 있다. 하지만 리시버에게는 아무 일도 벌어지지 않는 것처럼 보인다. 이 사람의 숨이 깊어지지도 않으며 편안해 하는 것 같지도 않다. 만약 이런 일이 일어난다면, 이 사람이 어떤 수준에서 레이키를 거부하기로 한 것이다. 레이키는 자유의지를 침해하지 않을 것이며 그 사람이 정말로 원치 않는다면 들어가지 않을 것이다. 이런 일이 일어날 때 비난을 하거나 죄책감을 느낄 필요는 전혀 없다. 그저 이것도 그 사람의 자유로운 선택 중 하나이며 당신은 당신의 손으로 신성의 서비스를 제공함으로써 당신의 역할을 다했다고 생각하면 된다. 이러한 선택을 한 것에 대해 리시버를 비난하지 마라. 이것은 아마도 잠재의식 속에서 내려진 결정일 것이다. 그 사람이 자신만의 경험을 하고 반응할 수 있도록 두어라. 당신은 최선을 다한 것이다.

어깨

3~5분간 뒷머리의 힐링이 끝난 후에는 리시버의 두개골 아래에서 손을 부드럽게 빼내 리시버의 어깨에 두도록 한다. 경혈은 어깨에서 다리, 발까지 아래로 쭉 이어진다. 보통 에너지가 이러한 경혈을 통해 흐르는 강처럼 이동하기 때문에, 리시버는 몸 전체에서 레이키를 느끼는 경우가 많다. 손가락을 모으고 당신의 자세를 편안하게 한 채 이 자세를 3~5분간 유지한다.

당신의 몸에 스스로 압력을 가하거나 불편한 자세로 레이키 힐링을 한다면 리시버가 그것을 느낄 수 있다. 레이키 힐링을 할 때는 반드시 당신이 편안해야 한다. 나는 테이블이나 침대 옆에서 힐링할 때에는 보통 서 있는 것을 좋아하지만, 어떤 사람들은 의자나 베개, 혹은 자신이 편안한 자세를 잡는 데 필요한 도구를 이용하는 것을 좋아한다. 이러한 준비를 통해 당신과 리시버 모두 만족스러운 힐링을 경험할 수 있다. 리시버에게 비용이 드는 것이 아니라면 당신이 계속 편안한 자세를 유지하는 데 필요한 것을 상식선에서 스스로 결정하라. 누군가의 옆에 눕거나 이들의 개인적인 공간을 침해하는 것은 적절한 해결책이 아니다. 당신과 리시버가 원하는 것을 모두 염두에 두고 상식을 이용하라.

앞 몸통

리시버의 어깨를 충분히 힐링했다면 이제는 나머지 신체 중 어느 쪽을 힐링할지 결정하라. 머리 뒤쪽에서 몸통의 왼쪽이나 오른쪽으로 이동하라. 당신과 리시버가 편안하다면 어느 쪽이든 상관없다.

이제 한 손을 상대의 목 바로 아래인 흉골 상단에 둔다. 이 손을 평평하게 두고 다른 손을 이 손 위 45도 각도에 두어 목에서 몇 인치 떨어져서 경사를 이루도록 한다. 이렇게 함으로써 직접 만지지 않고도 리시버의 목 근처에 손을 둘 수 있다. 레이키 자기 힐링과 마찬가지로, 당신은 매우 민감한 목에 직접 닿는 것을 피하고 싶을 것이다. 이곳에서 레이키가 3~5분간 흐르도록 한다.

다음 자세로, 남성을 힐링하고 있다면 손을 리시버의 가슴 중심 부위에서 조금 떨어져 놓고 레이키가 심장과 폐로 흐르도록 한다. 여성을 힐링하고 있다면 한 손은 계속 흉골에 두고 다른 손은 그 위로 여성의 가슴 방향을 향해 45도 각도로 둔다. 손가락은 심장에 직접 닿지 않고 그 위에 놓은 채 여성의 다리를 향해 있도록 한다. 기본적으로 레이키 자기 힐링을 하는 동안 당신의 생식기와 뿌리 짜끄라를 힐링할 때 사용하던 "T" 형태를 여성의 가슴 위로 하고 있는 것이다. 두 사람이 편안해 하는 영역에 따라 이 자세를 대체할 자세가 필요할 수도 있고 그렇지 않을 수도 있다. 편안한 영역을 잘 모르겠다면 "T" 형태를 이용한다.

심장과 가슴을 힐링한 후에는 손을 리시버의 흉곽 하부 양쪽으로 부드럽게 이동한다. 이곳에 3~5분간 레이키가 흐르도록 둔다.

이제 손을 움직여 배꼽 위 복부를 덮어 이 부위를 3~5분간 힐링한다. 배꼽 위 힐링이 끝나면 손을 움직여 배꼽과 골반 사이 복부를 덮도록 한다. 다시 이곳에서 3~5분간 레이키가 흐르도록 둔다.

골반의 경우 나는 손을 엉덩이 측면에 두고 레이키가 내 손을 통해 골반 전체에 흐르도록 하는 것을 좋아한다. 레이키는 내 양손 사이에서 골반으로 매우 강하게 흐를 것이다. 그러므로 이 기술을 사용하면 다른 사람의 성적 경계를 침해하지 않고도 골반을 완전히 힐링할 수 있다. 마찬가지로 3~5분 동안 힐링한다.

무릎과 발

다음으로 무릎으로 내려가 양손을 각 무릎에 얹는다. 이곳에서 3~5분간 레이키가 흐르도록 둔다. 리시버가 무릎이 아픈 사람이라면 한 손은 무릎 위, 다른 한 손은 무릎 아래에 두어 양손으로 각 무릎을 힐링할 수 있다. 이 경우 각 무릎을 3~5분간 힐링한다. 하지만 일반적으로는 3~5분간 양 무릎을 동시에 힐링할 수 있다.

무릎의 힐링이 끝나면 리시버의 발로 내려가 각각 한 손으로 잡는다. 손의 곡선이 각 발의 아치 곡선을 감싸도록 한다. 이 자세를 3~5분간 지속한 다음 리시버에게 천천히 엎드리도록 요청한다.

뒤 몸통

리시버가 엎드리고 나면 다시 위로 올라와 어깨뼈 뒤를 힐링한다. 이 위치 역시 레이키가 폐로 흐르도록 해준다. 이 자세를 3~5분간 유지한다.

심장 짜끄라 뒷부분은 아마도 슬픔이나 고통을 겪고 있는 사람, 혹은 그저 울 필요가 있는 사람을 힐링하기에 가장 좋은 영역일 것이다. 힐링하는 동안 당신과 마주하고 있으면 사람들은 종종 자신의 감정을 억제하려고 노력할 것이다. 하지만 얼굴을 바닥에 대고 있으면 눈앞에 당신이 보이지 않아 자제력을 잃을 수 있다. 어깨뼈를 힐링한 후 심장 짜끄라 뒤를 힐링한다. 양손을 어깨뼈 사이 등 중심에 둔다. 리시버가 위에서 말한 일종의 정서적 발산을 경험하고 있지 않다면 3~5분간 힐링을 지속한다. 리시버가 정서적 발산을 하는 경우에는 이러한 발산을 완전히 끝마칠 수 있도록 충분히 길게 이 자세를 유지할 것을 권장한다.

심장 짜끄라 뒤쪽의 힐링이 끝나면 손을 흉곽 최하단 바로 아래로 이동한다. 이 부위는 레이키가 신장으로 직접 흐를 수 있게 해 줄 것이다. 이 부위를 3~5분간 힐링한다.

다음 위치는 일반적인 시간의 제한이 없는 유일한 곳이다. 이것을 "척추 균형 맞추기"라 부르는데, 한 손은 꼬리뼈에 다른 한 손은 목이 몸통과 이어지는 C-7 척추에 두어야 한다. 레이키가 당신의 손을 통해 흐르도록 두어라. 그러면 당신은 한 손이 다른 한 손보다 더 뜨거워지고 더 진동하는 것을 느낄 것이다. 양손이 똑같이 뜨거워지거나 진동할 때까지 이 자세를 유지한다. 양손이 조화를 이루게 되면 이것은 척추의 에너지가 균형을 이루었다는 의미이다.

무릎 뒤와 발 뒤

다음 위치는 무릎 뒤이다. 앞서 각 무릎을 각각 힐링했다 하더라도 이 부위를 3~5분간 힐링한다.

마지막으로 다시 발로 돌아가 손의 곡선과 각 발의 아치를 맞춘다. 이 자세를 5분간 유지하여 리시버가 자신의 에너지를 안정시킬 시간을 준다.

다시 오라 쓸어내리기

천천히 그리고 부드럽게 다시 오라를 세 번 쓸어내리는 것으로 힐링을 마무리한다. 세 번째 쓸기가 끝나면 기도할 준비를 하는 것처럼 양손을 모으고 손가락 끝이 리시버의 꼬리뼈 하단에 있는 척추를 향하도록 한다. 손가락이 리시버의 몸에서 몇 인치 떨어지도록 한다. 붉은 레이저 광선이 당신의 손가락 끝에서 나와 리시버의 척추로 들어간다고 상상하라. 붉은 레이저 광선이 여전히 힐러의 손에서 척추로 가고 있다고 상상하면서 손을 천천히 움직여 척추 위를 지나 두개골을 향하도록 한다. 이 붉은 광선이 척추를 따라 올라가도록 하면서 리시버의 에너지를 소생시키고 리시버가 정상적으로 의식이 깨어 있는 상태에 가까워지도록 돕는다.

감사 및 마무리 힐링

두개골 하단에 도달하면 손을 모으고 당신에게 이 힐링을 허락한 리시버에게 마음속으로 감사하라. 또한 이 과정의 일부분이 될 수 있도록 해 준 당신 자신에게도 마음속으로 감사하라. 그리고 신성과 모든 레이키 존재들에게 감사하는 것으로 마무리한다. 그런 다음 힐링이 완료된 것을 나타내기 위해 당신의 손을 함께 비빈다. 리시버에게 준비가 되면 일어나라고 조용히 말한다. 그런 다음 손을 씻는다.

손을 씻고 나면 당신은 방금 힐링한 사람을 확인하고 싶을 것이다. 리시버가 어떤 모습인지 확인하고 주스나 물을 대접한다. 레이키 전체 힐링은 사람을 놀라울 정도로 편안하게 만들 수 있기 때문에 리시버는 자신을 추스를 생각을 못하고 있을 수 있다는 것을 기억한다. 하지만 힐링 후 몸에 수분을 공급하면 신체가 힐링을 통해 방출된 독소를 내보내는 데 도움이 된다. 힐링의 영향이 3일간 지속될 수 있으므로 리시버에게 이 시기에 많은 수분을 섭취할 것을 권장한다.

직관적 힐링

위에서 설명한 힐링은 하나의 지침일 뿐이지 불변의 법칙은 아니다. 자신의 손을 믿고 귀를 기울일 때까지 이 지침을 충실히 따르다 보면 당신의 손은 가야 할 방향을 알게 될 것이다. 당신은 힐링하는 동안 직관적으로 손을 두어야 할 곳을 알게 될 것이다. 이를 통해 리시버에게 필요한 자세와 힐링해야 할 새로운 위치를 찾아낼 수도 있다. 당신의 손이 하는 말을 들으려면 연습이 필요하다.

일반적인 손의 위치에 포함되지는 않지만 나는 종종 리시버의 팔꿈치나 팔에 레이키를 하기도 하는데, 어튠먼트가 끝난 후에야 이 사람이 최근 이 부위에 부상을 당했다는 것을 아는 경우도 있다. 레이키는 지혜로워서 당신의 손이나 다른 감각 기관을 통해 당신에게 의사를 전달할 것이다. 하지만 이렇게 되기까지는 시간이 필요하며 이 신호를 기꺼이 신뢰하고 들을 마음의 자세도 되어 있어야 한다. 하지만 이러한 노력은 그만한 가치가 있다. 시간이 지나면서 나는 심지어 리시버가 식단이나 자세를 바꾸어야 한다는 메시지를 받기도 했다. 내가 이런 메시지를 전달할 때면 항상 이 메시지가 그 사람과 함께 매우 분명하게 울려 퍼지는 것 같다.

메시지를 받는 것과 사람의 생각을 읽는 것에는 차이가 있다. 생각은 개인적인 것이기에 내가 그것을 공유해도 좋다는 허락을 받지 않은 이상, 내게는 이 생각에 대한 권리가 없다. 반면 메시지는 내가 공유할 의무가 있다고 느끼는 것이다.

하지만 처음에는 철저히 힐링을 하는 데에만 집중해야 한다. 모든 위치를 3~5분간 확실히 힐링해야 한다.

레이키 자기 힐링과 마찬가지로 특정 부위에 힐링을 한정하는 것도 괜찮다. 특히 시간의 제한이 있을 때에는 항상 신체 전부를 힐링할 필요가 없다. 복통이 있는 사람을 힐링하는 데 10분이 필요하다면 당신의 손을 그 사람의 배 위에 놓아라. 레이키를 사용할 때마다 신체 전체를 힐링해야 한다는 강박관념을 갖지 않도록 한다. 레이키로 신체 전체를 힐링하는 것이 이상적이지만 항상 그렇게 할 수는 없을 것이다.

7
그룹 힐링

　그룹 레이키는 레이키의 가장 즐거운 면 중의 하나일 수 있다. 더 많은 손이 한 사람을 힐링하게 되면 레이키가 몇 배로 증가하는 것 같다. 그룹 힐링을 통해 누군가를 힐링할 때, 당신은 보통 전체 세션이 10분일 때도 동일한 힐링 효과를 낼 수 있다. 그러나 함정이 있다. 보통 레이키 힐러가 서로 경쟁할 때 이 함정이 가장 많이 발생한다. 때로 한 사람이 힐링 공간을 자기만의 공간으로 만들어 "통제"하고 싶어 할 수도 있다. 혹은 모든 힐러의 레이키 티쳐가 동일하거나 같은 가르침을 받은 것이 아니기 때문에 손의 위치가 질서정연하지 않을 때도 있다. 이렇게 되면 그룹 내에 혼란이 생겨 리시버에게도 영향을 준다.

그룹 힐링 조정하기

　그룹 힐링 내의 문제를 없애는 가장 효과적인 방법은 각 힐링을 정확히 얼마 동안 할 것인지를 미리 결정하는 것이다. 리시버가 누워있으면 한 사람이 오라를 가라앉힌다. 그런 다음 레이키에 참여하는 사람은 한 자세씩 맡아 힐링한다. 단 두 사람이 레이키 힐링에 참여한다 하더라도 한 사람이 눈을 힐링하고 다른 사람이 발을 힐링하면 몸 전체에 충분히 효과적으로 레이키를 보내게 된다. 손이 더 추가될수록 힐링의 범위가 확대된다는 사실을 명심하라. 한 사람이 더 참여하면 복부를 힐링할 수 있다. 두 사람이 더 참여한다면, 각각 신체 좌우에 배정하여 가슴 짜끄라와 배꼽(파워) 짜끄라를 동시에 힐링할 수 있다. 그룹 힐링에서는 한 위치에서 다른 위치로 이동할 필요가 없다.

   신체 앞부분의 힐링이 끝나면 리시버에게 천천히 돌아누워 달라고 부탁한다. 그런 다음 척추 힐링을 시작한다. 이때 믿을 수 없을 만큼 황홀한 기분이 들 것이다. 척추 힐링은 내가 레이키를 경험한 이래 최고의 경험이었다. 모든 레이키 힐러가 리시버의 척추를 따라 손을 얹으면 된다. 이 자세를 단 몇 분만 해도 리시버에게 믿을 수 없는 경험을 선사하게 된다. 힐링이 끝나면 한 사람이 발을 힐링하고 오라를 쓸어낸 후 마지막으로 척추에 적색 광선을 보내는 작업을 하여 힐링을 안정시킨다.

   손의 위치와 힐링 시간을 사전에 협의해 놓음으로 통제하려 하거나 자아를 일으킬 소지가 줄어들 수 있다.

   단순하게 생각한다면 그룹 힐링은 모든 힐러를 위한 진정한 선물이 될 수 있다.

8
두 번째 디그리 레이키 상징

두 번째 디그리 레이키에서는 전통적으로 세 개의 상징을 학습한다. 이 상징은 레이키의 흐름에 힘을 부여하고 마음을 힐링mental healing하거나 보호하며 시공간을 초월해 레이키를 보내는데 사용된다. 이 세 가지 상징이 한 사람의 인생을 전적으로 바꿀 수 있다.

초 쿠 레이 Cho Ku Rei

첫 번째 상징은 '초 쿠 레이Cho Ku Rei'라고 부르는 파워 상징이다. 이 상징은 레이키 흐름에 힘을 부여하기 위해 사용된다. 손으로 힐링할 때 그 사람의 손을 통해 레이키의 흐름에 열이나 진동이 증가한다. 전통적인 레이키 상징은 특정한 방식으로 그리는데 초 쿠 레이 상징의 그림은 다음과 같다.

펜과 종이를 가지고 오른쪽 그림의 숫자와 화살표에 따라 초 쿠 레이를 그리는 법을 연습한다.

눈을 감고도 그릴 수 있을 때까지 충분히 연습하라. 당신이 두 번째

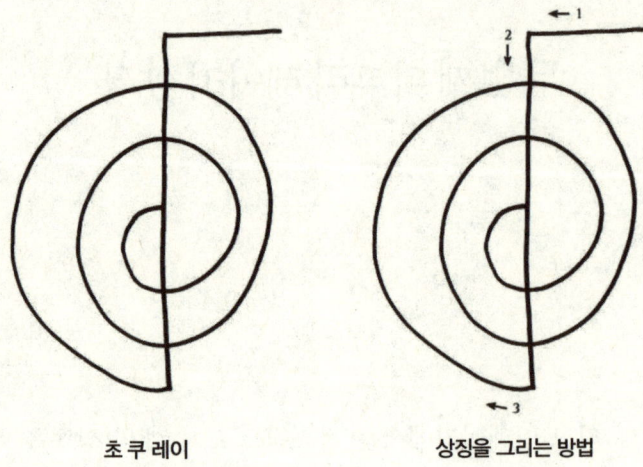

초 쿠 레이　　　　　상징을 그리는 방법

디그리 레이키에 어튠하기까지는 이 상징의 파워에 접근할 수 없다. 하지만 이 상징을 그리는 법을 안다면 이 이미지를 내면화하여, 당신이 두 번째 디그리 레이키에 어튠한 후 힐링을 하는 동안 이것을 마음속으로 그릴 수 있을 것이다. 당신이 일단 두 번째 디그리 레이키에 어튠하면 상징을 마음속으로 그리고 상징의 이름을 마음속으로나 큰 소리로 반복해서 말해 이 상징의 파워에 접근할 수 있다.

지금부터 이 상징을 그리는 법을 연습하고 이름을 계속 말해본다. 나중에 이것을 사용하는 법에 대해 더 자세히 배울 것이다.

세이 헤 키 Sei He Ki

두 번째 레이키 상징은 Sei He Ki라 하며 "세이 헤 키"라고 발음한다. 이 상징은 정서와 마음 힐링에 사용되며 보호용으로도 사용될 수 있

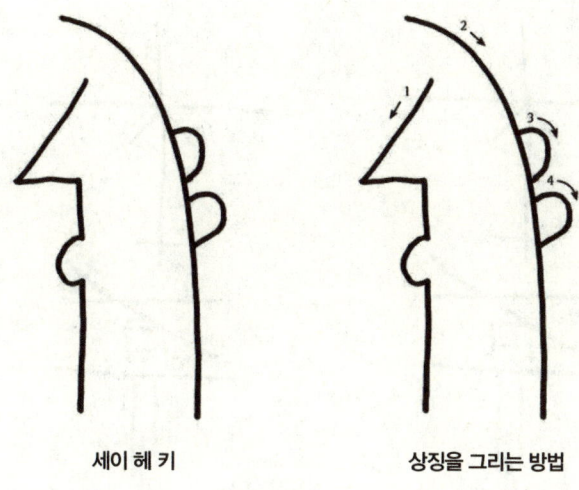

세이 헤 키   상징을 그리는 방법

다. 두 경우 모두, 효과가 있으려면 초 쿠 레이 상징에 의해 힘을 부여 받아야 한다. 이 방법은 다음에 설명할 것이다.

하지만 세이 헤 키 상징만 사용하는 것은 배터리 없는 손전등과 같다는 것을 기억하라. 이 상징이 힘을 가지려면 반드시 초 쿠 레이와 함께 사용해야 한다. 일단 초 쿠 레이로 힘을 부여하여 세이 헤 키를 사용하면 가장 깊은 정서적 상처를 풀고 정서적 얽힘의 원인에 *true nature* 대해 알 수 있다. 나는 어떠한 사이킥 기술이나 샤머니즘적 기술도 도움이 되지 않을 때 이 상징을 사용했다. 그리고 이것이 마음과 가슴의 모든 문제에 관해 내가 믿을 수 있는 단 하나의 진정한 힐링법이라는 사실을 깨달았다. 초 쿠 레이와 마찬가지로 이 상징을 그리는 연습을 하면서 계속 이름을 되뇌어 보아라.

숫자와 화살표대로 상징을 그리는 연습을 한다.

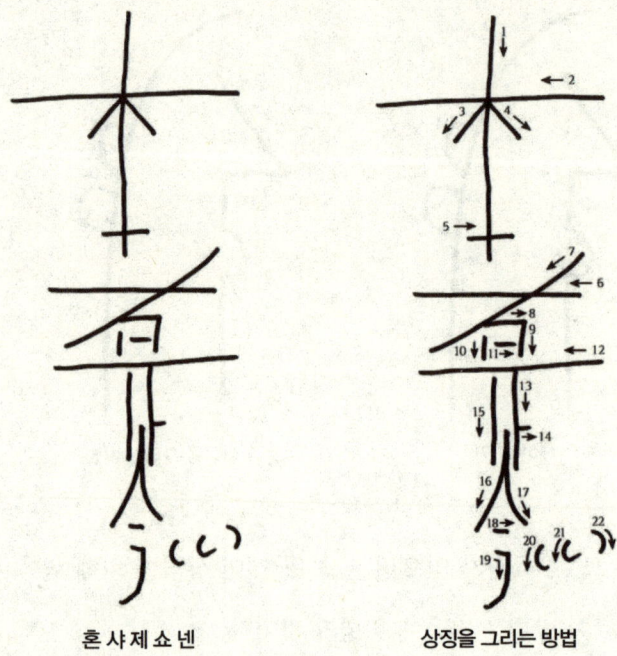

혼 샤 제 쇼 넨   상징을 그리는 방법

혼 샤 제 쇼 넨 Hon Sha Ze Sho Nen

세 번째 상징은 세 가지 상징 중에 가장 신비로운 것이다. 이것은 '혼 샤 제 쇼 넨 Hon Sha Ze Sho Nen'이라고 부르는 것인데 힐러가 모든 시간, 모든 공간, 모든 차원을 넘어 레이키를 보낼 수 있게 해 준다.

이 상징은 다른 두 상징보다 그리기가 훨씬 더 복잡하다.

상징의 이름을 되뇌고 그리는 법을 연습한다. 이것은 아마도 외우는 데 시간이 조금 걸릴 것이다. 각 선을 올바른 순서로, 올바른 방향으로 그리고 있는지 확인한다.

두 번째 디그리 레이키 어튠먼트를 하기에 앞서 하루나 이틀 정도는 세 상징들을 배우는데 투자해야 한다. 상징들을 배우고 어튠하고 나면, 당신의 인생에 힘을 싣거나 과거의 상처들을 힐링하는 심오한 방법을 알게 될 것이다. 두 번째 디그리 레이키를 사용하는데 있어 유일한 한계는 당신의 상상력이다. 당신이 다른 존재들의 자유의지를 존중하는 한, 이 상징들을 사용할 수 있는 당신의 능력은 무한하다. 상징들을 사용하기 위한 기술과 연습은 다음 장에서 알아보도록 한다.

9
두 번째 디그리 레이키 어튠먼트

두 번째 디그리 레이키 어튠먼트는 진정으로 변화의 어튠먼트이다. 모든 시공간을 초월해 힐링의 힘을 발휘할 수 있도록 당신을 열어주기 때문이다. 이것은 말 그대로 우리가 살고 있는 우주에 대한 당신의 생각을 변화시킬 수 있다. 이 단계에서 당신이 레이키에 어튠하면, 당신의 의식은 시공간 매트릭스의 장엄한 조직에 영원히 열린다는 사실을 명심하라.

어튠먼트를 위한 에너지 교환

첫 번째 디그리 레이키에서의 어튠먼트와 마찬가지로, 어튠한 후에는 선행을 하거나 자선 단체에 기부하는 등의 헌신적인 일을 해야 한다. 에너지 교환의 개념은 어튠먼트 과정의 모든 단계에 적용되는데, 이는 레이키로 받은 멋진 선물과 신성을 기억하기 위한 것이다. 이 어튠먼트는 첫 번째 디그리 어튠먼트보다 더욱 강력하므로, 더 높은 수준의 헌신을 통해 에너지를 교환하기 바란다. 첫 번째 디그리 레이키 어튠먼트의 에너지 교환을 위해 당신이 했던 일에 만족한다면, 이번에는 시간, 돈, 노력 면에서 두 배 정도의 에너지 교환을 할 것을 권유한다.

당신은 지구에 레이키를 보내 힐링할 수 있다. 물론 한 사람이 여섯 시간동안 레이키를 보낸다고 해서 이 세상을 변화시킬 수 없겠지만, 이 책을 읽은 모든 사람이 지구를 힐링하기 위해 여섯 시간씩 레이키를 보내면 어떻게 될까? 레이키는 지혜로운 만큼 아마도 정부, 기업, 개인이 지구와 관련해 내리는 결정뿐만 아니라 지구의 전반적인 의식에 영향을 미치게 될 것이다. 당신의 새로운 레이키 능력을 이용해 이 지구가 힐링되는 것을 돕는 것보다 지구에게 더 좋은 선물은 없으리라.

어튠먼트 준비

당신이 헌신할 일을 결정했다면 어튠먼트를 받고자 하는 날짜를 고른다. 당신만의 영적 진로에서 중요한 날을 고르거나 생일과 같이 더욱 개인적인 날을 고를 수도 있다.

어튠먼트를 하는 날에는 아침에 소금 목욕으로 당신의 오라를 깨끗이 한다. 어튠먼트를 받고자 하는 특별하거나 신성한 공간을 찾는다. 이곳은 자연이 될 수도 있고 당신에게 적합하다고 생각되는 다른 곳이 될 수도 있다. 이전과 마찬가지로 인류에게 레이키를 돌려주고자 했던 미카오 우스이 박사의 영적 탐구에 감사하는 마음으로 초를 켜기 바란다. 이것은 권장사항일 뿐, 반드시 따라야 하는 것은 아니다. 신성을 위해 초를 밝히고 싶다면 그렇게 하라. 초를 밝히는 것은 레이키가 인류에게 돌아오게 된 것을 존중하는 의미이므로 어튠먼트의 결과에는 아무런 영향도 미치지 않는다.

어튠먼트 경험

두 번째 디그리 레이키에 어튠할 준비가 되면 다음의 챈트를 말해 어튠한다.

우리에게 레이키를 선사한 당신을 찬양합니다.

이 신성한 빛을 계속 내려주시는 당신을 찬양합니다.

두 번째 디그리의 레이키 어튠먼트를 요청하오니

모두에게 은총을 베푸소서.

제게 은총을 베푸소서.

스스로 이 순간의 고귀함을 충분히 이해하고 즐길 수 있는 시간과 공간을 가져라. 이 챈트를 한 번 이상 말해도 상관없지만 한 번만으로도 충분하다. 당신은 곧 이 선물의 사용법을 알게 될 것이다. 이제 남은 인생을 위해 두 번째 디그리 레이키에 어튠된 것을 알게 될 것이다. 이는 당신의 인생에 있어 최고의 축복이다. 이 선물을 받게 된 것을 축하하라.

두 번째 디그리의 레이키 어튠먼트는 혼 샤 제 쇼 넨 상징을 통해 말 그대로 당신을 모든 시공간에 열어주는 것이기 때문에, 어튠먼트 후에는 명상하거나 시를 쓰며, 직접 당신을 위해 할 수 있는 종류는 모두 하면서 시간을 보내라. 이를 통해 당신의 영원한 본성에 대해 생각할 시간을 가지길 바란다.

10
두 번째 디그리 레이키의 기본 용법

두 번째 디그리 레이키의 주된 기능은 세 가지로 나눌 수 있다. 초쿠 레이 상징으로 레이키의 흐름에 힘을 부여하고, 세이 헤 키 상징으로 정서와 마음의 문제를 힐링하도록 레이키를 인도하며, 혼 샤 제 쇼 넨 상징을 이용해 시공간을 초월해 레이키를 보내는 것이다.

의식의 확장

당신이 일단 두 번째 디그리 레이키에 어튠하고 나면 열린 문을 마주하게 된다. 이때 당신의 에너지 장에서 진동이 증가하고 의식이 확장된다. 하지만 많은 레이키 티쳐들이 이러한 사실을 가르쳐주지 않는다. 레이키로 시공간을 초월할 수 있게 되면서 의식 확장이 자연스럽게 이루어진다. 당신이 이 두 번째 디그리 레이키라는 선물을 이용한다면 시간과 공간을 바라보는 당신의 시선이 변화할 것이다.

안타깝게도 몇몇 두 번째 디그리 레이키 힐러들은 레이키 흐름에 힘을 부여하는 데에만 이것을 사용한다. 이들은 이 에너지를 통해 시공간을 초월할 수 있다는 것이 두려운 듯 보인다. 이러한 의식 확장에 대해 배운 적이 없어서 두려운 것이리라. 사실 내가 두 번째 디그리 레이키에 어뚠했을 때, 우주를 바라보는 방법의 확장이나 변화에 대해 누구도 이야기해 주지 않았다. 레이키는 힐링을 위한 것이다. 그리고 우리는 종종 잊어버리지만, 우주를 바라보는 제한된 시선을 풀어주는 것 역시 힐링이다. 우리는 신체적 또는 정서적 충격으로 입은 손상을 원상태로 돌려놓는 것만을 힐링이라고 생각할 때가 많다. 힐링은 삶의 부정적인 것들을 방출하는 것 이상으로 훨씬 더 많은 의미를 지닌다. 모든 사람은 무한한 가능성을 지니고 있다. 그래서 힐링이 중요하다. 레이키를 통해 당신의 의식을 확장하기 바란다. 이제 두 번째 디그리 레이키에 대해 낱낱이 알아보면서 이에 대한 몇 가지 팁을 주도록 하겠다.

상징 이해하고 사용하기

두 번째 디그리 레이키를 사용할 때 기본이 되는 것은 상징을 아는 것이다. 이것은 책이나 메모 없이도 이 상징들을 마음속으로 그릴 수 있고 말할 수 있어야 한다는 말이다. 예전에는 레이키 힐러가 상징들을 복사해서 지니고 다니는 것이 허용되지 않았다. 이들은 상징을 외워야만 했다. 하지만 최근에는 이러한 전통이 좀 더 수월하게 변형되었다. 레이키와 상징, 그 사용에 관한 책이 여러 권 출판되었다. 사실 이런 개방성이 필요해졌다. 하지만 상징들을 완전히 내면화하려면 이 상징들을 학습해야 한다. 이것을 에너지 알파벳이라 생각하라. 문자를 깨우쳤을 때와 마찬가지로 이 에너지 알파벳을 배우고 나면 전혀 새로운 세상이 열릴 것이다.

힐링 세션에 초 쿠 레이 사용하기

파워 상징인 초 쿠 레이를 완전히 기억하고 내면화했다면, 그 사용법을 실험해 보라. 레이키 세션에서 당신의 양쪽 손에 이 상징을 눈으로 그리고 마음속으로 초 쿠 레이, 초 쿠 레이, 초 쿠 레이를 계속 되뇐다.

먼저 이것을 자신에게 해보라. 각 손바닥을 당신의 배 위에 올려놓고 먼저 상징을 이용하지 않은 채 레이키가 흐르도록 한다. 상징을 이용하지 않았을 때와 이용했을 때 레이키가 어떻게 흐르는지를 비교할 수 있을 것이다. 당신의 몸이 손에서 흘러나오는 진동에 완전히 익숙해질 때까지 약 1분 정도 기다린다. 그런 다음 각 손바닥에 상징을 눈으로 그리고 초 쿠 레이를 마음속으로 되뇐다. 레이키가 당신의 손에서 흘러나올 때 그 힘이 증가하는 것을 느낄 것이다. 이것을 1~2분 동안 계속한다. 그런 다음 1~2분 동안 상징의 사용을 멈추고 레이키가 상징 없이 흐르도록 한다. 진동이 다시 줄어드는 것을 느낄 것이다. 이 간단한 기술을 이용해 당신은 초 쿠 레이 상징이 라디오의 볼륨을 조절하는 것과 거의 비슷한 작용을 하는 것을 볼 수 있다.

이 세션에서 자기 힐링을 하는 내내 초 쿠 레이 상징을 이용해 보도록 한다. 진동이 극적으로 증가할 것이다. 어떤 사람은 전체 세션에 이 방법을 사용하여 놀라운 경험을 할 수도 있다.

당신에게 먼저 실험해 봐야만 이 상징을 다른 사람에게 사용할 때 어떤 느낌이 들지 알 수 있다.

개인적으로 나는 세션의 절반 정도 동안 초 쿠 레이를 사용하는 것을 좋아한다. 몇분 동안 초쿠레이를 사용하고, 그런 다음 쉴 것이다. 세션이 진행되는 동안 계속 이 패턴을 반복한다. 높은 강도 후 낮은 강도, 다시 높은 강도로 이어지는 패턴은 달이나 계절의 리듬뿐만 아니라 우리의 신체 리듬이나 사이클과도 매우 흡사하다. 강도 높은 힐링이 필요할 때도 있겠지만, 나는 한 세션 동안 상징을 계속 사용하는 것보다 이러한 패턴을 이용하는 것이 더 자연스럽다고 생각한다. 하지만 무엇보다도 실험을 통해 당신의 신체가 좋아하는 것을 발견하는 것이 가장 좋다.

자신에게 이 상징을 사용하는 것이 익숙해지면, 당신이 힐링하는 사람에게도 이러한 높은 강도의 레이키를 경험하고 싶은지를 물어보라. 그리고 이들이 선택할 수 있는 권리를 주어라. 허락을 구하지 않은 채 다른 사람에게 레이키 상징을 사용해서는 절대 안 된다.

자신에게 할 때와 똑같이 다른 사람에게 초 쿠 레이를 사용한다. 상징을 눈으로 그리고 이것을 머릿속으로 되뇐다. 초 쿠 레이 상징을 다른 사람에게 사용할 때에는 이들의 숨소리나 몸의 언어에 주의를 기울인다. 나는 보통 사람들이 더 깊은 휴식의 세계로 빠져드는 것을 목격했다. 하지만 레이키가 너무 강렬했는지 안절부절 못하는 사람도 몇

명 있었다. 이런 경우에는 힐링에 상징을 사용하는 것을 멈추거나 레이키가 너무 강한지 리시버에게 물어보는 것이 중요하다. 남은 힐링 시간동안 사용을 중지하거나 잠깐만 진동이 증가할 수 있도록 적게 사용할 수 있다. 항상 리시버와 대화하라. 직접 이야기를 하거나 이들이 전하는 몸의 신호에 귀를 기울여라. 마지막으로 당신은 좋은 것이 너무 많아도 리시버에게 압도적일 수 있다는 것을 알게 된다. 레이키는 경이로운 것이지만, 한 번에 너무 많은 것을 소화할 수 없는 사람들도 있다.

자신과 타인에게 초 쿠 레이 상징을 사용하는 것에 익숙해지게 되면, 레이키가 강해야 될 때나 약해야 될 때 그래서 레이키가 증가되거나 감소되는 흐름의 감지에 더욱 익숙해지게 될 것이다. 이것은 책에서 가르칠 수 없다. 당신은 당신의 직관과 타인에게 귀를 기울임으로써 이러한 것을 배우게 될 것이다.

일상에서 초 쿠 레이 사용하기

초 쿠 레이는 세션에서 사용하기에도 훌륭하지만, 일상에서도 강력한 도구가 될 수 있다. 음식 위에 상징을 그리면 재빨리 그 음식에 긍정적인 진동을 부여할 수 있다. 음료도 마찬가지로 할 수 있다. 막 먹으려는 음식이나 음료수 위의 공중에 상징을 그리면서 마음속으로 초 쿠 레이를 되뇌기만 하면 된다.

비슷한 기술을 사용해 방이나 정해진 구역의 부정적인 에너지를 깨끗이 할 수 있다. 공중에 초 쿠 레이를 그리면서 방 주변을 둥글게 걷는다. 나는 가능한 한 크게 상징을 그리면서 쓸어내리는 제스처를 취한다. 또한 각 벽과 창문, 현관 위로 상징을 그리면서 방을 돌아다닌다. 초 쿠 레이 상징으로 이루어진 보이지 않는 원을 만들 때까지 계속한다. 이 상징들을 만약 볼 수 있다면 마치 사슬이 방 전체에 둘러쳐져 있는 것처럼 보일 것이다. 이 원이 완성되면 상징을 내 머리 위에 하나, 바닥에 하나 그린다. 이 모든 시간동안 마음속으로 초 쿠 레이를 되뇐다.

상징을 되뇔 때, 크게 소리쳐도 좋고 속으로 말해도 좋다. 이 챈트에 음악적 리듬을 붙인다면 실제로 무척 재미있을 것이다. 내가 마음속으로 상징을 되뇌는 이유는 이것이 들릴 필요가 전혀 없기 때문이다. 또한 상징의 이름을 크게 되뇐다면 사회적으로 곤란을 겪을 때도 있을 것이다. 당신이 직접 판단하라. 그러나 두 방법 모두 효과적이라는 사실은 잊지 마라.

초 쿠 레이 사용에 대한 요약

자신이나 타인의 신체적 힐링에 초 쿠 레이 상징을 사용하려면 상징을 눈으로 그리고 되뇌어야 한다. 이것이 전부이다. 이러한 행동은 힐링하는 동안 레이키의 흐름을 증가시킬 것이다. 또 다른 사용법으로는 공중에 상징을 그리고 되뇌어 방 안의 부정적인 진동을 없애는 것이다. 당신이 먹거나 마시는 것 위에도 상징을 그리고 되뇌어 음식과 음료수에 사랑과 빛의 힘을 줄 수 있다.

자신의 마음 힐링에 세이 헤 키 사용하기

다음으로 세이 헤 키를 탐구해보자. 초 쿠 레이와 마찬가지로 세이 헤 키 상징 역시 자신이나 타인에게 손으로 하는 세션에 이용할 수 있다.

자신의 마음 힐링에 세이 헤 키를 사용하려면 손바닥을 머리 제일 윗부분인 크라운 짜끄라 상단에 오도록 두면 된다. 초 쿠 레이가 세이 헤 키에게 힘을 부여하기 때문에, 초 쿠 레이와 세이 헤 키를 손바닥에 눈으로 그린다. 그때 초 쿠 레이가 세이 헤 키 앞뒤에 오도록 세 번씩 반복해서 두 상징을 되뇐다. 예를 들면 다음과 같다.

초 쿠 레이, 초 쿠 레이, 초 쿠 레이,

세이 헤 키, 세이 헤 키, 세이 헤 키,

초 쿠 레이, 초 쿠 레이, 초 쿠 레이

마음을 힐링하는 레이키가 흐르도록 하고 싶은 만큼 길게 챈트를 계속한다. 마치 레이키가 당신의 영혼 중심으로 들어가는 것처럼 진동의 변화를 느낀다면 정확하게 느낀 것이다. 레이키가 당신이 가지고 있는 정서적 또는 마음의 문제의 깊은 뿌리로 들어가는 것이다. 하루 15분 동안 마음 힐링 레이키를 하고 나면 지금까지 가장 복잡하게 얽혀 있던 정서적 타래 중 일부를 풀 수 있다.

세이 헤 키를 사용할 때 가장 중요한 것은 바로 그 의도이다. 일반적인 수준의 정서적 안정을 원한다면, 레이키가 즉각적인 도움이 될 것이다. 마음 힐링 레이키를 하고 나면 정서적으로 어떤 변화가 느껴질 것이다. 당신이 인간관계 문제나 인생의 특정 부분에 대한 스트레스, 걱정을 없애는 것과 같이 좀 더 세부적인 어떤 것을 원한다면, 이 형태의 레이키가 이러한 문제를 조명하여 이것을 좀 더 명확하게 처리할 수 있도록 해 줄 것이다. 그러므로 당신의 의도를 정하여 레이키가 당신의 마음을 어떻게 힐링해야 하는지를 알 수 있도록 하라. 레이키는 신성한 근원(Divine source)처럼 지혜로우므로 당신의 문제에 대한 해답을 찾을 수 있다. 아니면 최소한 당신이 스스로 명쾌한 선택을 할 수 있도록 그 상황을 명백하게 해 줄 것이다.

타인의 마음 힐링에 세이 헤 키 사용하기

자신에게 여러 번 세이 헤 키를 사용했다면 리시버에게도 레이키로 마음을 힐링할 수 있는 선택권을 주도록 하자. 다른 사람에게 이것을 강요하거나 이들을 레이키로 변화시키려고 노력하지 마라. 이러한 행동은 속임수가 될 것이다. 그저 이러한 종류의 힐링을 이용할 수 있다는 사실을 리시버에게 알려주어라. 이들의 자유의지를 존중한다면, 이들은 적당한 시기가 왔을 때 마음 힐링에 대해 당신에게 물어볼 것이다.

누군가에게 마음 힐링 레이키를 할 때에는 먼저 그 사람이 해결하고 싶은 특정한 정서적 문제가 있는지 물어본다. 만약 있다면 레이키 흐름을 통해 이 문제를 해소하려고 생각하면서, 상징을 눈으로 그리고 되뇐다. 당신은 치료 전문가가 아니므로 상대의 문제에 대해 자세히 알 필요는 없다. 리시버가 인간관계 문제나 가족 문제 등을 레이키로 힐링하고 싶다고 표현할 수도 있으나 문제를 분류하는 것은 당신의 몫이 아니다. 레이키가 알아서 할 것이다. 리시버에게 특별한 의도가 없다면 리시버의 일반적인 마음의 건강을 위해 레이키가 흐를 수 있도록 상징을 사용한다.

보호를 위해 세이 헤 키 사용하기

세이 헤 키는 마음 힐링을 위해 사용하는 것 외에도 보호 에너지를 불러오기 위해 사용할 수 있다. 나는 레이키 어튠먼트를 하기 전, 방을 깨끗이 할 때 이 상징을 이용해, 방으로 들어오는 부정적인 것으로부터 방을 보호한다. 우선 위에 설명한 것과 똑같은 방법으로 방을 정화한다. 다만 방 주변에 보이지 않는 상징의 사슬을 그리고 되뇌면서, 초 쿠 레이 사이사이에 세이 헤 키 상징을 추가한다. 보호하고자 하는 특정 물체 위에 초 쿠 레이와 세이 헤 키를 함께 그려 보호를 활성화할 수 있다. 나는 집이 없어 온갖 범죄가 만연한 샌프란시스코 거리에서 한 달 넘도록 차를 세워두고 산 적이 있다. 이때 내 차 안에 있는 소지품들을 보호하기 위해 세이 헤 키를 사용했다. 근처에 있는 다른 차들은 꽤 자주 도난당했지만 내 소지품과 차는 그대로 있었다. 내 차는 창문만 깨면 쉽게 가져갈 수 있는 좋은 물건들로 가득 차 있었는데도 말이다. 타인을 직접 힐링할 때는 이러한 보호 힐링을 잘 사용하지 않지만, 상대가 어떤 위험에 처해 있음을 감지했을 때에는 상대의 몸 전체에 이 상징을 그린 적이 몇 번 있었다.

세이 헤 키 사용에 대한 요약

세이 헤 키는 마음을 힐링하거나 보호 목적으로 사용할 수 있다. 마음을 힐링할 때에는 손바닥을 리시버의 머리 제일 위에 있는 크라운 짜끄라 위에 놓고, 초 쿠 레이와 함께 세이 헤 키를 눈으로 그린다. 동시에 초 쿠 레이 세 번, 세이 헤 키 세 번, 다시 초 쿠 레이를 세 번 되뇐다. 마음 힐링의 레이키가 흐르게 하고 싶은 만큼 오래 동안 이 과정을 반복한다.

보호를 위해서는 세이 헤 키를 되뇌고 이것을 보호하고자 하는 것 위 공중에 그린다. 그다음에 초 쿠 레이를 그리고 되뇌어 보호를 활성화한다.

시공간을 초월하기 위해 혼 샤 제 쇼 넨 사용하기

세이 헤 키와 초 쿠 레이를 사용하면 당신의 레이키 능력이 크게 향상된다. 이제는 레이키 힐링 에너지를 당신 자신과 타인에게 보내는 것뿐만 아니라 마음의 힐링이나 방의 부정적인 진동을 없애는 것과 같이 특정한 목적으로도 사용할 수 있다. 이 두 상징은 당신의 일부가 되어야 하며 필요할 때는 언제나 이것을 사용할 준비가 되어 있어야 한다. 그러나 이 두 상징이 아무리 경이롭다 하더라도 혼 샤 제 쇼 넨의 사용을 마스터하기 전까지는 두 상징의 잠재적인 힘을 온전히 사용할 수 없다.

혼 샤 제 쇼 넨은 당신이 레이키로 시공간을 초월할 수 있도록 해주는 상징이다. 이 상징은 모든 존재와 우리의 관계에 대한 많은 비밀을 풀 수 있기 때문에, 이 상징을 이용해 실험해 볼 것을 적극 추천한다. 나는 이 상징을 이용해 살면서 겪은 충격적인 사건이 있었던 시기로 힐링 에너지를 보낼 뿐만 아니라 내 영혼의 본성을 연구하기도 했다. 그리고 내 영혼이 처음 창조된 때, 내 영원한 존재의 첫 순간으로 레이키를 보냈다. 당시의 느낌이나 알게 된 것을 무엇이라 설명할 수는 없다. 그러니 직접 상징을 사용해보고 스스로 연구해보기 바란다.

두 번째 디그리에서는 관계를 위해 레이키를 보낼 수 있기 때문에, 나는 이 상징을 이용해 신성과의 관계에 레이키를 보냈으며 영혼의 상처를 힐링하고 인생의 수수께끼를 더 잘 이해하게 되었다. 우주를 탐구하고 당신이라는 존재의 모든 면에 사랑과 빛을 선사하기 위해 이 상징을 사용할 수 있으며, 기회는 진정 무한하다. 당신이 자궁 안에 있었을 때의 삶을 알고 싶다면 그 시간을 향해 당신 자신에게 레이키를 보내라. 당신은 내면 깊은 곳에 있는 어린 자아를 힐링할 뿐만 아니라 당신 자신에 대해서도 알게 될 것이다. 이것은 모든 것을 통틀어 가장 훌륭한 힐링이다. 두 번째 디그리 레이키를 사용해 당신의 영혼, 과거, 과거의 삶, 모든 관계를 진정 무한히 탐구할 수 있다는 말은 과장이 아니다. 이것은 레이키가 당신에게 줄 수 있는 가장 큰 선물인 동시에 자주 무시되는 선물이기도 하다.

현재에 레이키 보내기

혼 샤 제 쇼 넨을 사용하는 기본 방법은 간단한다. 이 상징을 언제 어디서나 모든 창조물에 연결되는 시공간을 초월한 고리로 생각하라. 이전에 미리 허락을 받았던 현재의 어떤 사람에게 레이키를 보내고 싶다면, 그 사람의 이름을 세 번 말한 후 혼 샤 제 쇼 넨을 세 번 말한다. 동시에 그 사람의 얼굴, 사진, 혹은 이름 위에 상징을 눈으로 그린다. 이 과정을 여러 번 반복해 고리를 강하게 한다. 고리가 분명하게 느껴지면, 이 고리를 통해 그 사람에게 흐르는 레이키를 활성화하기 위해 초 쿠 레이 사용을 시작하라. 레이키가 의도한 사람에게 흐르는 것을 느끼면서, 초 쿠 레이를 사용하고 상징을 눈으로 그리면서 되뇌다 보면 어느 시점에서 당신은 마치 리시버가 멀리 가버린 것처럼 이 고리가 약해지는 것을 느낄 수 있을 것이다. 이런 현상이 발생하면 다시 혼 샤 제 쇼 넨을 이용해 시공간을 통한 고리를 다시 연결한다. 그런 다음 초 쿠 레이 사용을 계속해 고리를 다시 강하게 만든다.

과거 또는 미래에 레이키 보내기

현재가 아닌 다른 시점으로 레이키 힐링을 보내려 한다면 처음부터 이것을 확실히 하라. 레이키를 보내려고 하는 시간을 큰 소리로 말하기만 하면 된다. 미래가 될 수도 있고 과거가 될 수도 있다. 그 시간을 모른다면 레이키가 도착하는 시간을 특정 행위와 연결시켜라. 예를 들면 친구가 다음날 저녁 잠자리에 들 때 레이키가 도달하도록 이 힐링을 보낸다. 당신은 친구가 몇 시에 잠자리에 들지 모를 것이다. 하지만 힐링을 시작할 때 레이키가 "내일 잠자는 시간"에 도달할 것이라고 큰 소리로 말하면 된다. 그 외 힐링 방법은 앞서 설명한 것과 동일하다.

어떤 사람들은 더욱 선명하게 시각화하기 위하여 리시버를 대신하는 사진, 그림, 인형을 이용한다. 이것은 그 사람을 형상화하는 데 도움이 된다. 이들은 인형이나 사진 위에 자신의 손을 얹고 위에서 설명한 바와 같이 상징들을 이용한다. 나는 마음속으로 그 사람들을 생각하는 것을 더 좋아한다. 하지만 인형이나 사진이 도움이 된다면 이런 것들을 함께 이용해도 무방하다. 레이키에서 매우 보편적으로 보이는 사실 한 가지는 사람에 따라 많은 방법으로 레이키를 사용할 수 있으며 레이키를 보내는 방법들이 모두 옳다는 것이다. 다시 한 번 강조하지만 실험을 통해 당신 자신에게 가장 편안한 방법을 알아내는 것이 좋다.

혼 샤 제 쇼 넨 사용에 대한 요약

혼 샤 제 쇼 넨은 시공간을 초월해 레이키를 전달하기 위해 사용한다. 이 상징을 사용하려면 리시버의 이름이나 힐링할 곳을 세 번 말한 다음, 레이키 힐링 대상 위에 혼 샤 제 쇼 넨 상징을 눈으로 그리면서 이것을 되뇌면 된다. 이를 통해 레이키가 흐를 수 있는 고리가 만들어진다. 이 고리를 통한 레이키의 흐름을 활성화하려면 초 쿠 레이를 눈으로 그리면서 되뇌라. 레이키가 도착하는 시간이 과거나 미래인 경우, 힐링을 시작할 때 원하는 시간을 세 번 말하라.

두 번째 디그리 레이키의 힘

전체적으로 두 번째 디그리 레이키는 레이키 흐름에 힘을 부여하고 부정적인 진동을 없애며 마음을 힐링하는 동시에 보호 에너지를 유발하며 시공간을 초월해 레이키를 보낼 수 있게 해 준다. 그러는 동안 당신은 신성에 더욱 가까워질 수 있으며 만물과의 관계를 탐구할 수 있는 도구를 얻게 된다. 이것은 힐러들이 감당해야 할 의식으로의 큰 전환이다. 이 모든 것을 한 번에 얻으려는 중압감은 버려라. 이 장에서 설명한 내용을 마음으로 소화하고 흡수하려면 얼마간의 시간이 필요할 것이다. 시간을 갖고 이 장의 내용이나 다른 레이키 책을 가능한 한 자주 읽어본다. 당신이 이 새로운 정보를 자기 것으로 만들고 삶에서 이것을 가장 잘 활용하는 방법을 터득할 때까지 시간과 공간을 충분히 갖도록 하라. 레이키 세계로의 여행은 이제 시작일 뿐이다.

11
원격 힐링의 간단한 연습

이론은 이론일 뿐, 당신이 레이키를 이해하고 그 사용법을 익히는 것은 오직 연습을 통해서만 가능하다. 다음에서는 당신이 두 번째 디그리 레이키를 좀 더 능숙하게 사용하는 데 도움이 되는 몇 가지 연습 방법을 설명한다.

지구 보호하기

그 첫 번째 연습으로, 장거리 힐링에 세 상징을 모두 이용하는 한 예로서 보호 레이키를 지구에 보내보도록 하자. 오존이나 벌거벗은 산과 같이 보호가 필요하다고 생각하는 지구의 특정한 곳으로 가고 있는 레이키를 상상하고 싶다면, 그렇게 하도록 하라. 혹은 NASA 사진에서 본 푸른 행성의 지구를 마음속에 그려볼 수도 있다. 지구 혹은 힐링하고자 하는 특정 장소의 이미지를 생각했다면 다음과 같이 말하면서 상징들을 눈으로 그린다.

지구, 지구, 지구

혼 샤 제 쇼 넨, 혼 샤 제 쇼 넨, 혼 샤 제 쇼 넨

초 쿠 레이, 초 쿠 레이, 초 쿠 레이

세이 헤 키, 세이 헤 키, 세이 헤 키

초 쿠 레이, 초 쿠 레이, 초 쿠 레이

초 쿠 레이와 세이 헤 키 부분을 반복하다가 고리가 약해지는 것이 느껴지면 "지구"와 혼 샤 제 쇼 넨을 되뇌는 곳으로 돌아가 고리를 다시 연결한다. 느낌이 오는 대로 이것을 5분 이상 계속한다.

세상의 평화 불러오기

세상의 평화와 같은 가치 있는 일에 레이키를 보낼 수 있다. 한번의 힐링으로 뚜렷한 효력이 있는 것은 아니다. 하지만 레이키에 대하여 좋은 것 중에 하나는 모든 수준에서 작용한다는 것이다. 물론 레이키를 보낸다고 해서 전쟁을 막을 수는 없다. 하지만 레이키는 모든 범위에 적용되는 것이므로 우리의 간절한 바람인 우주의 평화에 한발 더 다가설 수 있을 것이다. 그리고 많은 사람이 이런 일을 심각하게 받아들인다면 언젠가는 이 지구에 평화가 찾아올 것이다. 신성과 마찬가지로 레이키는 신비로운 방법으로 작용할 수 있다.

평화로운 세상을 상상하고 이렇게 말하라.

세상의 평화에 도움이 되고자 세상에 이 힐링을 보냅니다.

세상의 평화, 세상의 평화, 세상의 평화,

혼 샤 제 쇼 넨, 혼 샤 제 쇼 넨, 혼 샤 제 쇼 넨

초 쿠 레이, 초 쿠 레이, 초 쿠 레이

초 쿠 레이, 초 쿠 레이, 초 쿠 레이

혼 샤 제 쇼 넨을 다시 사용해야 한다고 느낄 때까지 초 쿠 레이를 반복한다. 5분 이상 이 힐링을 보낸다. 전쟁으로부터 지구를 보호하고 싶다면 세이 헤 키를 포함시켜도 좋다. 중요한 것은 이 상징을 표현하는 방법과 레이키로 힐링하고자 하는 목적이다. 원한다면 초 쿠 레이 두 줄 사이에 세이 헤 키를 넣어 연습한다.

신에게 축복 되돌리기

3장에서 말한 것처럼 레이키는 아틀란티스 섬에서도 사용되었다. 어쩌면 아틀란티스 사람들은 이것을 잘못 사용하기도 했겠지만 어떤 의미에서는 레이키의 효과에 대한 관점을 더욱 확장시키기도 했다. 예를 들어 이들은 신성에게 축복을 되돌려주는 데 레이키를 사용했다. 신성에게 이것이 필요할까? 아마 필요 없을 것이다. 하지만 이와 같은 사려 깊은 행동으로 우리는 신성에 더욱 가까이 갈 수 있다. 이것을 연습하려면 신성을 위해 당신이 사용하는 이름을 생각한다. 그런 다음 인간에게 보내는 것과 똑같이 레이키를 보낸다. 당신은 신성의 무한한

존재를 느낄 수 있을 것이다. 이것은 매우 값진 경험이므로 모든 사람이 느끼길 바란다.

12
대체 레이키 상징

역사적으로 볼 때, 하와요 타카타를 통해 서양에 레이키가 전해졌을 당시에는 두 번째 디그리 레이키에서 세 개의 상징만을 가르쳤다. 최근 많은 레이키 티쳐들이 새로운 상징들과 채널링하여, 받고 있다. 어떤 사람들은 이 새로운 상징들이 레이키 에너지 시스템의 일부분이 될 수 없다고 주장한다. 수많은 새 상징을 이용해 그 파워와 힐링 능력을 경험한 나로서는 이 의견에 동의할 수 없다. 이 상징들은 레이키에만 효력을 나타내는 듯하며, 레이키는 이 상징을 포함해 전반적인 하나의 시스템으로서 향상되는 듯하다. 나는 이 새로운 상징들이 초 쿠 레이나 혼 샤 제 쇼 넨과 마찬가지로 레이키의 일부분이라고 생각한다. 레이키는 레이키를 이해할 수 있는 우리 자신의 능력에 따라 발전하고 성장하는 융통성 있는 시스템이다. 우리가 이 새로운 상징들을 받아들일 준비가 되어 있기 때문에, 그리고 이 지구에는 더욱 강력한 힐링이 절대적으로 필요하기 때문에 이 상징들이 우리에게 다가온 것이다. 어떤 상징들은 여러 책에 소개되기도 했다. 다이앤 스타인^{Diane}

Stein의 저서 ≪이센셜 레이키 Essential Reiki≫ (캘리포니아 버클리, Crossing Press, 1995년)에서는 이러한 대체 상징들을 다루고 있으므로 읽어보기 바란다. 그 외 덜 알려진 레이키 티쳐들 역시 새로운 상징을 사용하며, 학생들과 다른 레이키 티쳐들에게 이것을 가르치고 있다.

이 장에서는 내가 채널링 받은 새로운 상징들에 대해 설명하기로 한다. 레이키가 무엇인지에 대한 해답을 가지고 있는 사람은 아무도 없다. 그리고 어떤 상징이 레이키 에너지 시스템의 진정한 일부인지를 아는 사람 또한 아무도 없다는 것을 알아라. 상징이 효과가 있고 다른 레이키 상징을 활성화하는 데 일조한다면 이것은 분명 레이키 상징이다. 실험을 통해 당신만의 결론에 도달하기를 바란다.

대체 상징 탐구

내가 열거하는 각 상징에는 어튠먼트를 위한 챈트가 포함된다. 이 상징들은 모두 내가 채널링 받은 것이니 당신은 다른 사람이 채널링 받은 상징들도 탐구해보기를 바란다. 개인적으로 이러한 상징의 힐링 능력을 여러 사례에서 확인하고 보증할 수 있기 때문이다. 내가 이 책에 다른 상징들을 쓰지 않은 이유는 두 가지이다. 첫째, 다른 책에서 이미 설명한 내용을 반복할 필요는 없다. 둘째, 내가 조사한 대체 레이키 상징이 포괄적인 것은 아니며 새 레이키 상징들을 전부 이 책에서 찾을 수 있다는 인상을 주고 싶지 않다. 레이키 에너지 시스템에 유용하게 쓰이는 상징 중 내가 경험하지 못한 것들도 많이 있다. 하지만 직접 터득한 것을 가르치는 것이 가장 좋은 방법이라고 생각한다. 그러므로 여기에서는 내가 채널링 받은 상징에 대해서만 설명하도록 한다.

플링 플링 Fling Fling

내가 채널링 받은 첫 번째 대체 상징은 플링 플링이라는 것이다. 세이 헤 키와 비슷해 보이고 효과 면에서도 이 상징과 관련이 있지만, 기능적으로 약간의 차이가 있다. 이 상징은 사람을 정서적으로 집중시키고 그라운딩하며, 반갑지 않은 에너지의 영향을 쫓아버리는 것을 돕는다. 그러므로 정서적 충격이나 외상, 혼란 등을 경험하고 있는 사람, 혹은 외부의 영향이나 사건으로 균형이 깨져버린 사람에게 사용해야 한다. 이 상징은 두가지 수준으로 작용한다. 하나는 마음과 정서적으로 방해가 되는 부분을 맑게 해 주는 것이며, 다른 하나는 단순히 마음과 정서적 수준에서 사람을 그라운딩 시키고 집중시키는 것이다. 플링 플링이라는 명칭은 부정적인 것을 벗어던진다는 의미인데, 이것이 바로 이 상징의 효과이다. 하지만 정서적 그라운딩의 기능도 가지고 있다.

이 상징은 되뇌거나 그리기가 수월하다. 다음의 그림이 이 상징을 그리는 방법이다.

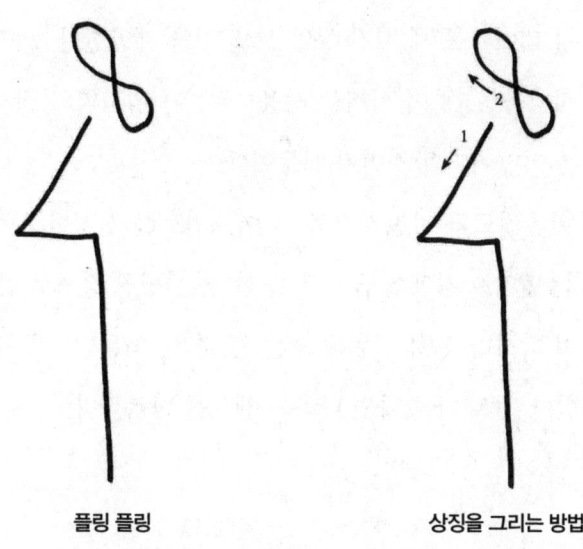

플링 플링   상징을 그리는 방법

이 상징을 자신에게 사용하려면, 세이 헤 키와 같은 방법으로 사용한다(10장 참조). 사람을 정서적으로 안정시키고 그라운딩 할 때에는 이 상징이 세이 헤 키보다 더욱 효과적이다. 또한 정서적으로 불균형을 느끼게 하는 원인이 될 수 있는 에너지를 분산시키는 필터 역할을 하기도 한다. 나는 정서적 혼동이나 직접적인 외상, 충격을 겪고 있는 사람에게 플링 플링을 사용한다. 반면 세이 헤 키는 과거의 정서적 상처를 힐링하고 전반적으로 마음과 정서적 웰빙을 만들어줄 때 더욱 효과적이다.

어튠먼트 챈트를 말하기에 앞서, 당신의 에너지 장에 새 상징을 활성화할 수 있게 된 것에 대한 답례로 선행을 하라. 당신이 일단 이 상징에 어튠하면, 지구에서 발산하는 불안정한 에너지를 풀어주기 위해 플링 플링 레이키를 세 시간 동안 보낼 것을 제안한다. 먼저 전쟁으로 피폐한 지역을 향해 이 상징을 사용하라. 이런 지역의 정서적 충격이나 외상은 어마어마할 것이기 때문이다.

다른 어튠먼트와 마찬가지로 이 어튠먼트를 신성한 의식^{occasion}으로 만들어라. 먼저 아침에 소금 목욕을 한다. 신성한 장소로 간다. 원한다면 우스이 박사나 신성을 위해 초를 켠 다음, 어튠먼트를 구하는 과정을 진행한다. 준비가 끝나면 다음의 챈트를 반복한다.

> 우리에게 레이키를 선사한 당신을 찬양합니다.
> 이 신성한 빛을 계속 내려주시는 당신을 찬양합니다.
> 첫 번째 디그리, 두 번째 디그리의
> 플링 플링 레이키의 어튠먼트를 요청하오니
> 모두에게 은총을 베푸소서.
> 제게 은총을 베푸소서.

세이 헤 키와 똑같이 이 상징을 사용하되(10장 참조), 전반적인 마음의 건강 대신에 정서적으로 불안정한 영향력을 그라운딩하고 여과하는 목적으로 사용한다. 세이 헤 키가 불안정한 영향력을 여과하는 것을 도울 수는 있지만, 플링 플링이 이런 여과 목적이나 정서적 그라운딩 기능에는 더욱 신성하게 디자인된 듯하다.

리쉬 티 Rish Tea

내가 채널링 받은 또 다른 상징은 리쉬 티라 부르는 것이다. 엄밀히 말해 이 상징은 암과의 싸움에서 레이키를 더욱 확실하게 집중시키는 데 도움이 된다고 들었다. 이 상징은 치료법이 아니므로 이것만 믿고 전문적인 의료행위를 거부하지 말기 바란다. 모든 레이키 형태와 마찬가지로 이 상징은 다른 치료 양상을 영적으로 보완하는 것이지, 다른 치료법을 배제하려고 만든 것이 아니다. 다음 그림이 이 상징의 모습이다.

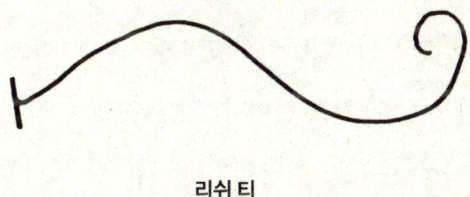

리쉬 티

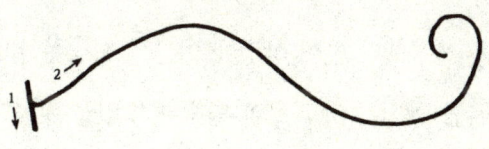

상징을 그리는 방법

이 책의 모든 어튠먼트와 마찬가지로 이 상징의 어튠먼트에도 에너지 교환이 필요하다. 어튠먼트는 첫 번째 디그리, 두 번째 디그리 모두를 위해 활성화되기 때문에, 리쉬 티 레이키를 주요 산업 지역으로 세 시간 동안 보낼 것을 제안한다. 이것은 보통 암이 시작되는 곳에서 암에너지 전체를 방출하는 것을 도와준다.

에너지를 교환하는 또 다른 유효한 방법은 암을 앓고 있는 사람에게 리쉬 티 레이키를 보내는 것이다. 이때 그 사람의 건강한 범위는 침범하지 않도록 주의한다. 또한 레이키가 전문적인 치료의 효과를 향상시키고 보완하기 위한 영적 도구임을 분명히 밝힌다. 레이키를 전문적인 의료를 위한 대체 수단으로 사용해서는 안 된다. 암은 매우 고통스러운 문제이다. 암 환자들은 종종 아무 효과도 없는 치료법에 속아 상처를 받기 때문이다. 이러한 경험은 진정한 치료법을 찾아 헤매는 사람들을 괴롭힌다. 당신의 힐링 역시 만병통치라는 허풍과 전혀 다를 게 없다고 생각할 사람도 있을 것이다. 암 환자들이 이 레이키 형태를 이용하는 데 있어서, 우리가 이들의 치료 과정을 넘나들려 하거나 이들에게 최선의 방법이 무엇인지 아는 양 행동하지 말아야 한다. 친절히 제안한 다음, 리시버가 스스로 결정하도록 두어라.

헌신할 일을 결정했다면 이 상징에 어튠할 신성한 날을 위해 시간을 마련하라. 지금쯤 당신은 이 과정에 익숙해져 있을 것이다. 아침에 소금 목욕을 한다. 신성한 장소로 간다. 원한다면 우스이 박사와 신성을 위해 초를 밝힌 다음, 다음과 같은 챈트를 반복하여 어튠먼트를 구한다.

우리에게 레이키를 선사한 당신을 찬양합니다.

이 신성한 빛을 계속 내려주시는 당신을 찬양합니다.

첫 번째 디그리, 두 번째 디그리의

리쉬 티 레이키의 어튠먼트를 요청하오니

모두에게 은총을 베푸소서.

제게 은총을 베푸소서.

　

이 형태의 레이키에 어튠했다면 신체적 힐링을 위해 초 쿠 레이와 함께 이 상징을 사용한다. 알다시피 초 쿠 레이는 다른 상징들을 활성화하는 역할을 한다. 당신은 누구에게나 영적인 보호를 위해 전신 세션에 리쉬 티를 사용할 수 있다. 암 환자를 힐링하는 경우에는 전신 힐링과 함께 암이 있는 부위도 힐링해야 한다.

에너지의 느낌을 이해하기 위해 자신에게도 이 상징을 이용해 보아라. 다른 레이키보다 좀 더 뜨겁거나 좀 더 강렬한 진동을 종종 느끼게 될 것이다. 손바닥을 당신의 배 위에 두고 어떤 상징도 없이 레이키가 흐르도록 하라. 그런 다음 초 쿠 레이 상징(8장 참조)과 리쉬 티를 함께 사용한다. 손바닥에 이 상징들을 눈으로 그리면서 다음의 챈트를 한 세트로 반복해서 되뇐다.

초 쿠 레이, 초 쿠 레이, 초 쿠 레이

리쉬 티, 리쉬 티, 리쉬 티

초 쿠 레이, 초 쿠 레이, 초 쿠 레이

이것을 5분 동안 계속하여 충만한 에너지를 느껴라. 그런 다음 리쉬 티의 사용을 멈추고 초 쿠 레이만 사용하여 그 차이를 느껴본다.

이 상징들을 에너지로서 이해하고 어떤 느낌인지를 아는 것은 이것을 머릿속으로 이해하는 것만큼이나 중요하다. 힐링 중에는 당신의 마음이 아닌 손이 생각을 한다. 이것이 바로 내가 이 상징들의 느낌을 비교해 봄으로써 당신의 손이 감각적 수준에서 차이를 이해할 수 있도록 할 것을 권장하는 이유이다.

자신의 건강을 위해, 그리고 주변 사람들을 돕기 위해 리쉬 티를 사용하라. 하지만 누구에게도 이것을 강요하지는 마라. 당신의 역할은 제안하는 것에서 끝난다.

원 러브 One Love

다음 상징은 내가 좋아하는 것 중 하나이다. 바로 원 러브라 불리는 이 상징은 내가 강하게 경험한 그 어떤 것보다 깊은 우주적 사랑의 에너지를 가져온다. 이 상징에는 가장 강력한 힐링이 될 수 있는 사랑의 에너지를 불러오는 것 외에 다른 특별한 힐링 목적은 없다. 나는 침울하고 사랑받지 못하는 느낌이 들거나 정서적으로 상실감을 느낄 때마다 나 자신에게 이 상징을 사용해 왔다. 그럴 때마다 항상 사랑의 힘이 얼마나 깊은 것인지, 우리가 이 사랑을 주고받는 능력을 갖춘 것이 얼마나 신성한 것인지를 깨닫곤 한다. 내가 안고 있는 문제가 무엇이든지 간에 이 상징은 나를 완전한 공간 안으로 데려간다. 사랑받지 못한다고 느끼거나 정서적으로 불안정한 사람들을 돕는 데 이 상징을 사용할 수 있다는 것을 알았다. 이 상징은 마치 우주적 테디 베어이다.

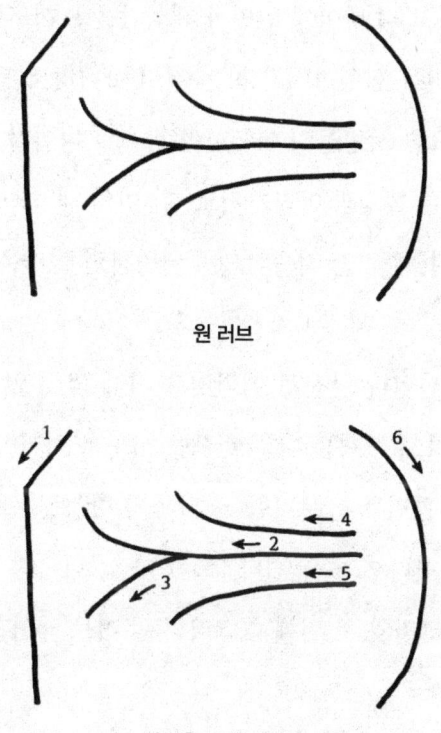

원 러브

상징을 그리는 방법

이 상징을 위한 어튠먼트 에너지 교환으로서, 사랑의 진동이 거의 완전히 존재하지 않을 것 같은 곳인 감옥이나 교도소에 세 시간 동안 원 러브 레이키를 보내기 바란다. 명심하라. 죄수들에게 사랑을 보내는 것이 아니다. 그러려면 이들의 동의가 필요하기 때문이다. 당신은 건물과 그 소통 시스템, 감옥 자체의 전반적인 진동에 사랑을 보내고 있는 것이다.

이것의 핵심은 사랑의 진동을 불러내, 죄수들과 간수들이 더욱 인간적으로 소통하고 더 나아가 연민과 책임감을 느끼도록 돕는 것이다. 당신은 어떤 개인을 힐링하려고 하는 것이 아니라 진동을 변화시킴으로써 힐링이 필요한 사람들이 이러한 방향으로 나아갈 수 있도록 격려하는 것이다. 다른 힐링과 마찬가지로, 한 번의 세션으로 많은 것을 변화시킬 수는 없다. 하지만 지속적으로 힐링하면 놀라운 변화를 일으킬 것이다.

이 힐링이 당신이나 당신의 에너지 교환에 맞지 않다고 느낀다면, 당신이 가치 있다고 느끼는 다른 선행을 하도록 하라. 헌신에 대한 결정이 섰다면, 어튠먼트를 준비한다. 날짜와 장소를 선택하고 소금 목욕을 한 다음 원한다면 초를 켠다. 그런 다음, 다음과 같은 챈트를 되뇌어 첫 번째 디그리와 두 번째 디그리의 원 러브 레이키에 어튠한다.

우리에게 레이키를 선사한 당신을 찬양합니다.
이 신성한 빛을 계속 내려주시는 당신을 찬양합니다.
첫 번째 디그리, 두 번째 디그리의
원 러브 레이키의 어튠먼트를 요청하오니

모두에게 은총을 베푸소서.

제게 은총을 베푸소서.

이 어튜먼트의 진동은 매우 특별하기 때문에, 어튠한 후에는 그대로 있고 싶을 것이다. 하지만 준비가 되면 이 상징을 자신과 타인에게 사용해 보도록 하라. 세이 헤 키, 플링 플링, 리쉬 티와 마찬가지로, 초쿠 레이로 이 상징에 힘을 부여해 세션을 활성화시켜라. 이 상징을 사용하면서 당신은 비틀즈의 노래 가사였던 "All you need is love"가 얼마나 정확한 말인지 이해하게 될 것이다.

리버스 Rebirth

우리가 검토할 다음 상징의 명칭은 리버스이다. 명칭이 나타내는 것과 같이 이 상징은 오래된 패턴이 새로운 자각으로 다시 태어나도록 돕는다. 이것은 삶이 고착되고 모든 것이 시들시들하고 낡은 것처럼 느껴질 때 사용하는 환상적인 상징이다. 이 상징을 사용하면서 내가 알게 된 사실은 이것이 오래된 문제를 새로운 방식으로 바라보는 데 정말 도움이 된다는 것이다. 또한 인생의 과도기에 사용하기에도 좋다.

내가 이 상징에 채널링 된 동안, 그 당시 내 여자 친구 역시 같은 상징에 채널링 되었다. 하지만 그녀는 하나의 예술 디자인으로서 자신의 도자기에 이 상징을 사용했다.

이 시기에 나는 우리의 인생이 얼마나 많이 변했는지를 깨닫고 깜짝

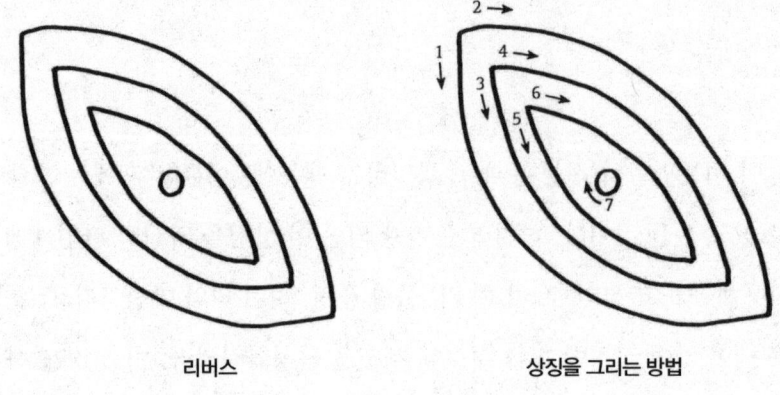

리버스 　　　　　　　상징을 그리는 방법

놀랐다. 명상으로만 생각하던 이 상징을 그녀가 그 당시에 만든 단지나 꽃병에서 보는 것 역시 흥미로웠다. 여자 친구가 작업에 이 상징을 사용하기 전까지 나는 그녀와 이 상징에 대해 이야기하지 않았기 때문에, 그녀는 내가 이 상징을 알고 있다는 사실을 몰랐다. 우리는 결국 헤어졌지만 우리는 이전에 장난삼아 만나고 헤어지던 생활을 완전히 정리한 후의 일이었다.

이 상징을 사용하기 위해 초 쿠 레이로 힘을 부여하라. 나는 리버스 레이키를 국내 보건의료 시스템에 세 시간 동안 보내 모든 사람이 적절한 의료 관리를 받을 수 있는 새로운 자각이 깨어날 수 있게 하기를 권장한다. 이것이 대체 요법의 중요성을 무시하는 것은 아니다. 하지만 이것은 단지 제안일 뿐이며, 당신의 에너지 교환을 완성시킬 수 있는 다른 선행을 해도 좋다.

이제 어튠먼트 과정은 당신에게 꽤 익숙할 것이다. 다음은 리버스 레이키를 위한 어튠먼트 챈트이다. 이 챈트를 말하면 당신은 이 상징의 첫 번째, 두 번째 디그리 레이키에 어튠될 것이다.

우리에게 레이키를 선사한 당신을 찬양합니다.
이 신성한 빛을 계속 내려주시는 당신을 찬양합니다.
첫 번째 디그리, 두 번째 디그리의
리버스 레이키의 어튠먼트를 요청하오니
모두에게 은총을 베푸소서.
제게 은총을 베푸소서.

어튠한 후에는 자신이나 타인이 인생의 과도기 또는 고착된 느낌을 받는 시기를 부드럽게 통과하도록 돕기 위해 이 상징을 사용하라.

원 라이트 One Light

이 상징은 우주의 빛을 향한 문을 밝혀주고 열어주기 때문에 모든 상황에 도움이 된다. 이 상징은 원 라이트라고 부른다.

다른 대체 상징과 똑같은 방법으로 이 상징을 사용한다. 먼저 초 쿠레이로 이 상징에 힘을 부여한다. 이 상징의 어튠먼트를 위한 에너지 교환은 가치롭거나 사심이 없이 어떤 곳에 레이키를 세 시간 동안 보내는 것이다. 당신만의 상황이나 힐링을 위해 레이키를 보내는 것은 에너지 교환이 될 수 없음을 기억하라.

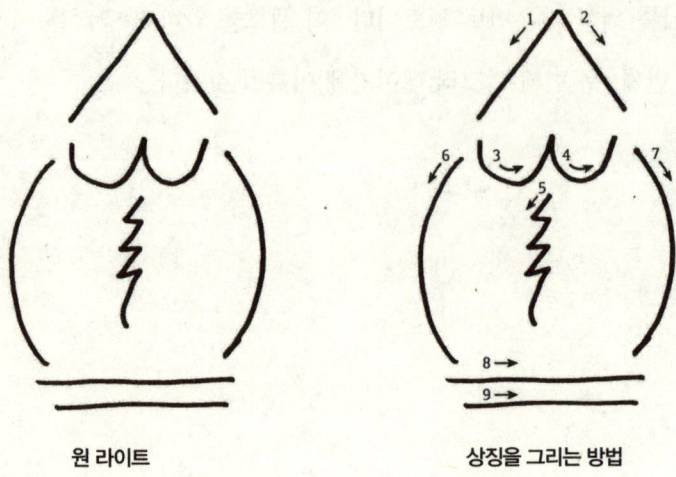

원 라이트 　　　　　상징을 그리는 방법

핵심은 사심 없이 레이키를 주는 것이다. 이 상징에 어튠하기 위한 에너지 교환으로서, 당신 자신의 내면의 가이드가 이끄는 곳에 레이키를 보내도록 한다.

어튠먼트 과정에 익숙해진 당신은 이제 당신에게 신성한 날짜와 장소를 정하는 것에 있어서도 감을 잡았을 것이다. 그 시간이 오면 다음의 챈트를 말해 원 라이트 레이키에 어튠한다.

우리에게 레이키를 선사한 당신을 찬양합니다.

이 신성한 빛을 계속 내려주시는 당신을 찬양합니다.

첫 번째 디그리, 두 번째 디그리의

원 라이트 레이키의 어튠먼트를 요청하오니

모두에게 은총을 베푸소서.

제게 은총을 베푸소서.

긴장을 풀고 이 경험의 매력에 빠져보아라. 당신의 세계와 당신이 힐링하는 동안 이 상징을 사용하는 데 동의한 사람들의 삶에 더 많은 빛을 가져다주기 위해 이 상징을 사용하라.

내면의 산 허물기 Open the Mountain from the Inside

내면의 산 허물기는 학습과 자유의 장애물을 방출하는 데 도움이 된다. 이 상징은 나의 석사과정뿐만 아니라 나에게 형이상학적이었던 분야에도 더욱 가까이 갈 수 있도록 하는 데 꽤 도움이 되었다. 초 쿠 레이로 힘을 부여하여 다른 상징과 같은 방법으로 이 상징을 사용한다.

세 시간의 레이키 세션을 통해 학습과 자유에 많은 장애물을 안고 있는 우리의 교육 시스템에 이 상징을 보낼 것을 제안한다. 다른 상징들과 마찬가지로 어튠먼트를 위한 신성한 날짜와 장소를 정하고 오라를 깨끗이 하며 원하는 경우 초를 밝힌다. 다음은 이 상징을 위한 어튠먼트 챈트이다.

우리에게 레이키를 선사한 당신을 찬양합니다.
이 신성한 빛을 계속 내려주시는 당신을 찬양합니다.
첫 번째 디그리, 두 번째 디그리의
내면의 산 허물기 레이키의 어튠먼트를 요청하오니

모두에게 은총을 베푸소서.

제게 은총을 베푸소서.

내면의 산 허물기

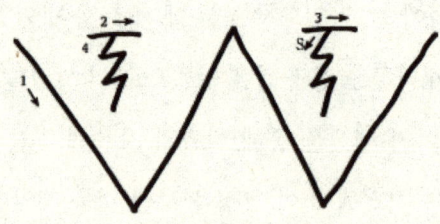

상징을 그리는 방법

이 상징을 자신에게 사용해 당신의 한계를 허무는 것을 도와라. 이 상징을 당신의 지역사회에 사용해 학교 및 모든 학습 기관이 정서적으로 개방되고 지적으로 자유로운 기관이 되도록 도와라.

마리아와 세 명의 수녀 Mary and the Three Virgins

나는 이 상징을 성모 마리아로부터 채널링 받았다. 마리아와 세 명의 수녀 상징은 당신의 투쟁에서 혼자가 아님을 알게 해주고 위로받기 위해 사용한다. 다른 상징과 마찬가지로 앞뒤에 초 쿠 레이를 이용해 힘을 부여한다. 이 상징의 진동은 매우 부드럽고 정겹다.

　이 상징을 위한 에너지 교환으로 어려움에 처한 세상에 이 상징을 이용한 레이키를 세 시간 동안 보내라. 그 장소는 때에 따라 변하겠지만 보통 중동 지역이 적당하다. 저소득층이 거주하는 도심, 빈민가, 노숙자 쉼터 역시 이 에너지의 혜택을 볼 수 있다. 당신 내면의 가이드에 의해 이 힐링을 보낼 가장 좋은 장소를 결정하거나 당신이 올바르다고 느끼는 다른 선행을 하도록 하라.

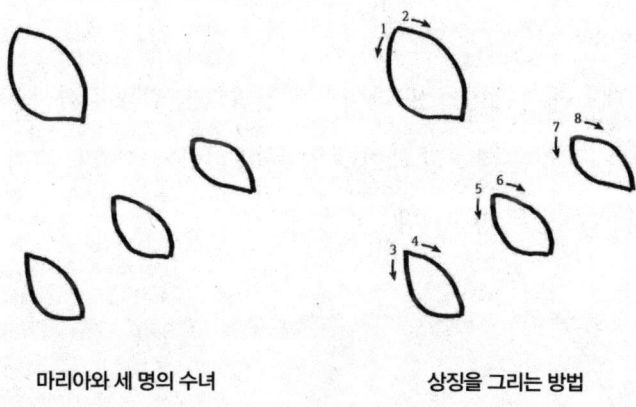

　　마리아와 세 명의 수녀　　　　　상징을 그리는 방법

　이 어튠먼트 의식을 신성하게 여기고 그날을 최대한 활용하는 데 필요한 일을 하라. 다음은 어튠먼트 챈트이다.

우리에게 레이키를 선사한 당신을 찬양합니다.

이 신성한 빛을 계속 내려주시는 당신을 찬양합니다.

첫 번째 디그리, 두 번째 디그리의

마리아와 세 명의 수녀 레이키의 어튠먼트를 요청하오니

모두에게 은총을 베푸소서.

제게 은총을 베푸소서.

당신이나 당신이 알고 있는 어떤 사람이 어려움이나 절망에 빠질 때마다 이 상징을 사용하라.

멧저렌스라 Mezzerenthra

멧저렌스라는 레이키 및 레이키 원천과의 연결을 강화시키기 위해 사용한다. 이것은 당신의 레이키 길을 더 나아가게 하고 깊어지기 위해 사용할 수 있는 상징이다.

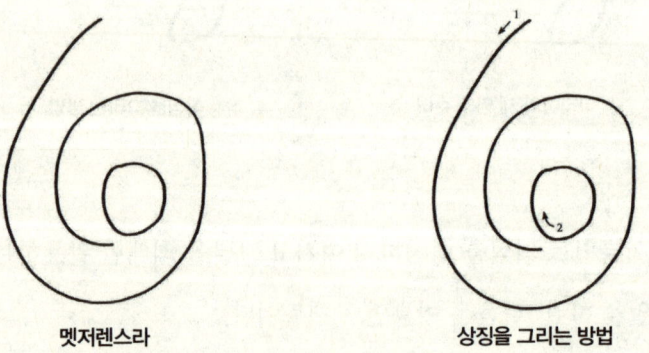

멧저렌스라 　　　　　　　　　 상징을 그리는 방법

이 상징을 위한 에너지 교환으로, 전 인류에 세 시간 동안 이 힐링을 보내라. 이것으로 레이키와의 연결이 깊어질 수 있다. 하지만 당신의 에너지 교환으로 다른 선행을 할 수도 있다.

어튠먼트를 받기 위한 신성한 시간과 장소를 준비하는 데 필요한 일을 하라. 준비가 다 되면 다음과 같은 어튠먼트 챈트를 말한다.

우리에게 레이키를 선사한 당신을 찬양합니다.

이 신성한 빛을 계속 내려주시는 당신을 찬양합니다.

첫 번째 디그리, 두 번째 디그리의

멧저렌스라 레이키의 어튠먼트를 요청하오니

모두에게 은총을 베푸소서.

제게 은총을 베푸소서.

이 상징을 이용해 레이키와의 영적 연결을 더 깊게 하고 레이키가 당신 인생에서 더 큰 부분을 차지하도록 하라.

짜끄라 정화를 위한 상징들

다음의 일곱 개 상징은 각 짜끄라를 정화하기 위해 사용된다. 이 상징을 이용하여 당신이 정화하고자 하는 짜끄라 위나 근처를 힐링하는 동안, 초 쿠 레이로 이 상징에 힘을 부여한다. 이 상징들을 이용하면 당신의 에너지 장에 균형을 맞추고 신체적, 정서적 건강을 유지하는 좋은 방법일 수 있다. 매일 각 짜끄라를 단 몇 분간만 짧게 힐링하라. 이 상징들은 다음과 같으며 일곱 번째 상징 다음에 챈트를 설명한다.

옴 시 누바 Om Shee Nu Va (뿌리 짜끄라)

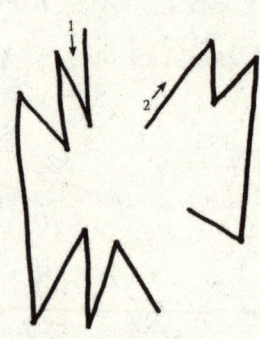

상징을 그리는 방법

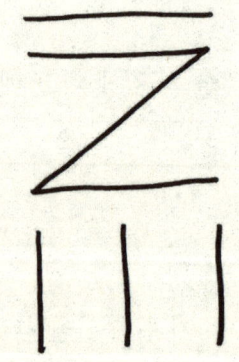

깔리 요니 Kali Yoni (성性 및 정서 짜끄라)

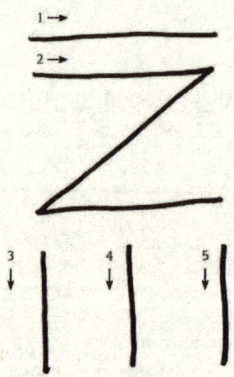

상징을 그리는 방법

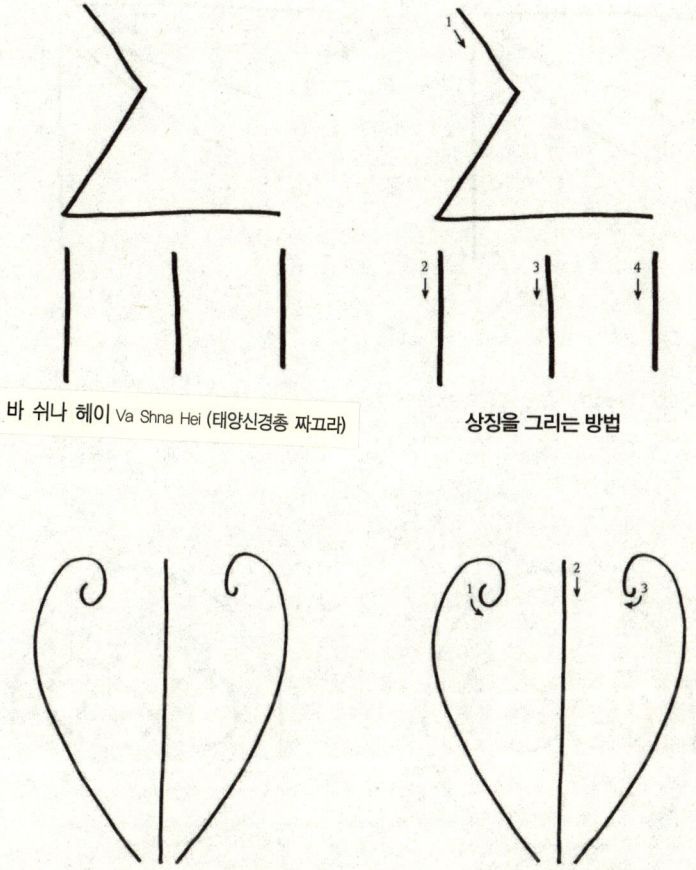

바 쉬나 헤이 Va Shna Hei (태양신경총 짜끄라)   상징을 그리는 방법

사마 디 나 Sama Dee Nah (가슴 짜끄라)   상징을 그리는 방법

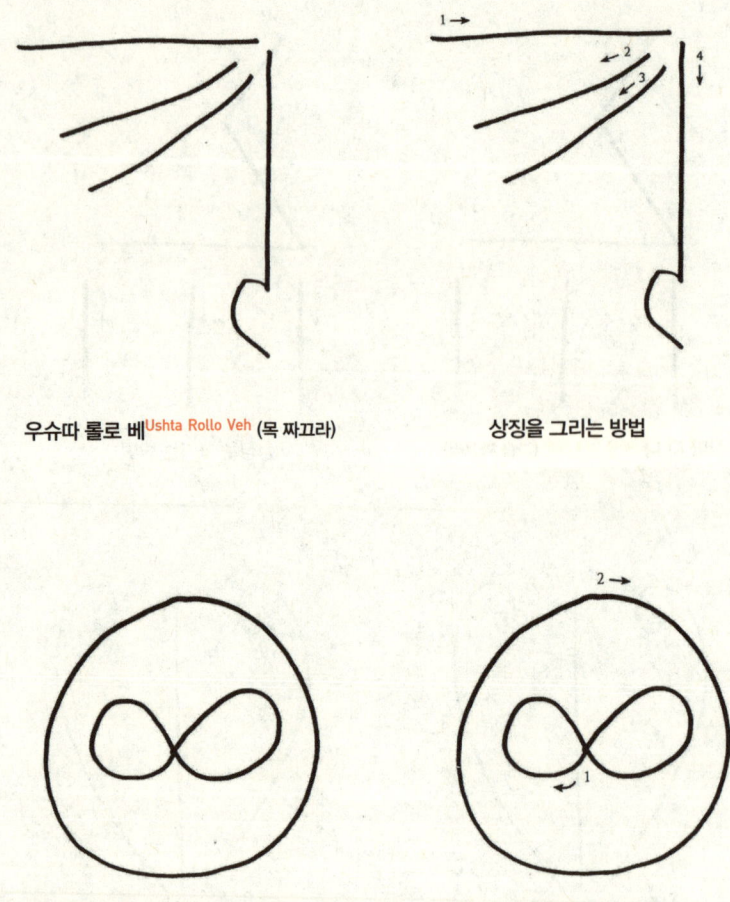

우슈따 롤로 베Ushta Rollo Veh (목 짜끄라)   상징을 그리는 방법

브람마 보Brahma Vo (제3의 눈 짜끄라)   상징을 그리는 방법

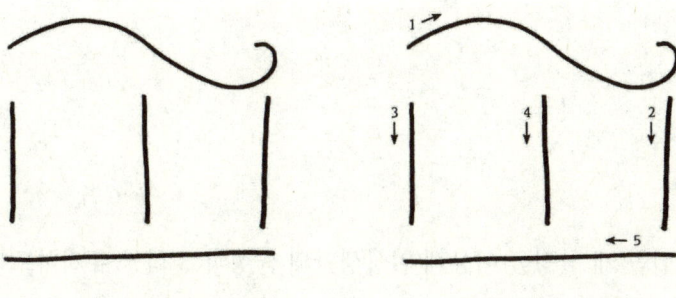

소 마 끼 So Mah Kee (크라운 짜끄라)   상징을 그리는 방법

    에너지 교환을 위해 당신만의 식별력으로 옳다고 느끼는 선행을 한다. 이 그룹에 일곱 개의 상징이 있다 하더라도 이 때문에 레이키를 21시간 동안 보낼 필요는 없다. 이 상징들은 하나의 그룹으로 작용하기 때문에 가치 있는 목적을 위해 5시간 동안 레이키를 보내도록 한다. 당신의 판단에 따라 선행한다.

    자신을 위한 신성한 장소를 정하기 위해 필요한 일을 한 후에 다음과 같은 어튠먼트를 말한다.

우리에게 레이키를 선사한 당신을 찬양합니다.

이 신성한 빛을 계속 내려주시는 당신을 찬양합니다.

옴 시 누 바, 깔리 요니, 바 쉬나 헤이, 사마 디 나

우슈따 롤로 베, 브람마 보, 소 마 끼

상징들의 첫 번째 디그리, 두 번째 디그리

레이키 어튠먼트를 요청하오니

모두에게 은총을 베푸소서.

제게 은총을 베푸소서.

    이 일곱 개 상징을 이용해 일상생활의 균형과 조화를 유지하도록 한다.

13
세 번째 디그리 레이키 상징

　세 번째 디그리 레이키에서는 당신이 레이키에 어튠될 뿐만 아니라 다른 사람을 레이키에 어튠할 수 있는 능력을 배우기도 한다. 다시 한 번 말하지만 이 책은 전문적인 교육을 위한 가이드북이 아니다. 훌륭한 레이키 티쳐가 되려면 크나큰 인내와 직관이 필요하다. 이런 진로를 원한다면 이 책에서는 다루지 않는 문제들을 충분히 이해하기 위해 적절한 교육을 받도록 하라. 레이키 티쳐가 되려면 인간의 심리와 영혼의 개발에 대해 이해해야 한다. 이러한 것들은 책을 통해 배울 수 있는 것들이 아니다. 이 책의 내용을 오직 당신과 당신의 힐링을 위해서만 사용하기 바란다. 이 단계에 어튠하고 있다면 당신은 자신의 인생을 바꿀 수 있는 수단으로서 레이키를 충분히 탐구할 수 있는 자유가 허용될 것이다. 이 책의 목적이 바로 그것이다. 하지만 이 책의 내용을 오용할 사람들도 있을 수 있다. 이런 사람들에게는 이렇게 경고하고 싶다. 이 신성한 에너지를 악용하거나 잘못 전하지 말라. 굉장히 부정적인 결과가 뒤따를 것이다.

나는 인류가 진정한 유토피아 세계를 구현하기 위해 필요한 변화를 겪는데 최고의 도움을 주고자 하는 희망과 믿음으로 이 책을 출간하였다. 이것이 레이키의 세계를 완전히 변화시킬 것이라는 사실을 깨달았으며, 내 노력은 실로 진실한 것이었다.

나는 이 책의 세 번째 디그리 레이키를 통해, 어튠먼트를 주는 것뿐만 아니라 이 어튠먼트를 해제할 수 있는 기술까지 탐구하고자 했다. 이것은 대부분의 레이키 티쳐들이 인지하지 못한 것이다. 나는 또한 음식, 양초, 신체 부위를 어튠시키는 기법을 개발했다. 그리고 시공간 매트릭스를 초월해서 레이키 코드가 두 지점 사이를 흐르게 함으로써 인간의 힐링 능력을 크게 가속화 시킬 수 있었다. 돌을 레이키에 어튠시키고 이것을 힐링에 사용할 수 있는 방법도 있다. 과학이 돌에서 나오는 에너지 진동을 이용할 수 있는 방법을 발견한다면, 돌이 끊임없이 레이키를 흐르게 함으로서 인류는 무한한 에너지를 공급할 수 있을 것이다. 나는 전 인류에게 세 번째 디그리를 드린다. 이렇게 하는 것이 인간 과학과 의식에 완전한 변화를 가져오기를 바란다. 이 정보를 더 이상 나 혼자 누릴 수 없으며, 이 정보를 어떻게 사용할지에 대해서는 신성이 인도해 줄 것이라 믿는다. 이러한 이해를 기초로 세 번째 디그리 레이키의 상징들을 검토해 보기로 하자.

티베트 마스터 상징(다이코묘)

우리가 검토할 첫 번째 상징은 티베트 마스터 상징이라 불리는 것이다. 티베트에서 레이키의 기원을 찾는 사람들 때문에 이러한 명칭이 생겼다. 이 상징은 또 다른 상징과 함께 다이코묘라고도 한다. 다이코묘란 "우주의 위대한 존재이시여! 나를 비추고, 나의 친구가 되소서!"라는 뜻이다. 두개의 다이코묘 상징은 에너지 및 위 문구의 의미를 구체화한 것이다. 티베트 마스터 상징은 "보라색 숨결"이라는 기술을 이용해 레이키 어튠먼트를 크라운 짜끄라로 통과시키는 데 사용한다.

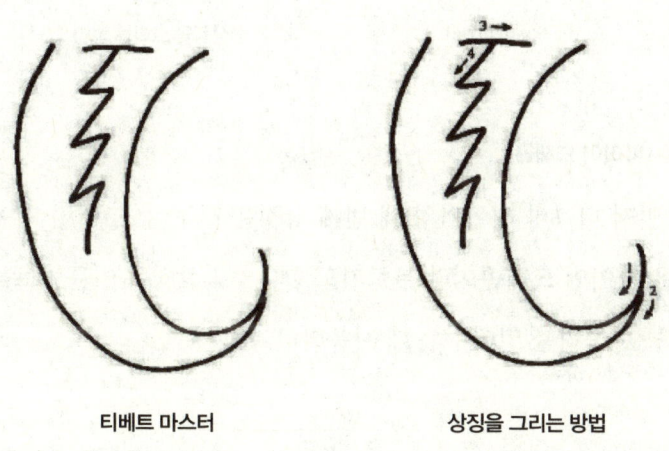

티베트 마스터   상징을 그리는 방법

우스이 마스터 상징(다이코묘)

마찬가지로 다이코묘라 불리는 두 번째 상징은 우스이 마스터 상징이다. 이 상징 역시 어튠먼트 과정에서 사용하며, 초 쿠 레이와 같은 방식으로 다른 상징들에게 힘을 부여할 수 있는데 그 강도가 더욱 세다.

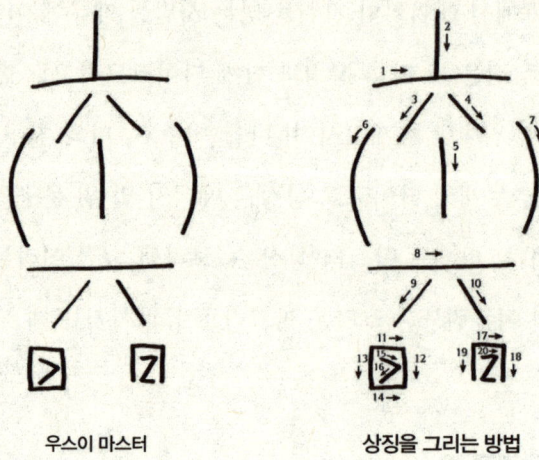

우스이 마스터   상징을 그리는 방법

라쿠 (파이어 드래곤)

세 번째 디그리 레이키의 세 번째 상징은 라쿠이다. 어떤 레이키 티쳐들은 파이어 드래곤이라 부르기도 한다. 이 상징은 어튜먼트를 진행하는 동안 오라를 열어주는 데 사용한다.

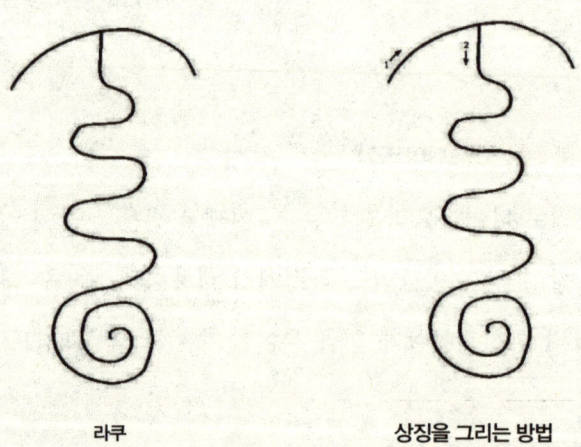

라쿠   상징을 그리는 방법

세 번째 디그리 레이키 상징 이용하기

세 번째 디그리 레이키 상징을 이용하는 방법은 레이키 어튠먼트 과정을 배우는 과정에서 반드시 학습해야 하는 내용이다. 이 방법은 17장에서 더 자세히 알아볼 것이다. 지금은 챈트와 각 상징을 그리는 방법을 충분히 외우는 것이 중요하다. 각 상징을 힘들이지 않고 그리고 되뇔 수 있을 때까지 매일 연습한다.

14
세 번째 디그리 레이키 어튠먼트

　살면서 내가 겪은 가장 신성한 경험 중 하나는 세 번째 디그리 레이키에 어튠받은 것이었다. 그 후 며칠 동안 나는 신성과 강하게 연결된 느낌을 받았으며 모든 것들 안에 있는 신성함을 자각했다. 이것은 정말 아름다운 경험이었다.

　세 번째 디그리 레이키에 어튠하기만 해도 당신 영혼의 방향과 인생에서의 사명을 분명히 밝히는 데 도움이 된다고 한다. 레이키의 어느 단계에 어튠하더라도 살아가는 데 필요한 교훈을 평소보다 더 빨리 얻을 수 있지만, 세 번째 디그리 레이키의 경우에는 영혼 수준의 심오한 변화까지 일어난다. 어느 순간 당신은 전에는 감지하지 못했던 인생의 많은 것을 분명하게 인식하게 된다. 당신은 이해가 생길 것이고, 그 이해와 함께 당신의 교훈을 배울 능력이 올 것이며 그리고 진화된 방향으로 전진할 수 있게 될 것이다.

어튠먼트를 위한 에너지 교환

이 단계에서의 에너지 교환을 위한 헌신은 다른 어떤 에너지 교환보다 훨씬 더 강해야 한다. 많은 사람이 세 번째 디그리 레이키에 어튠하기 위해 만 달러나 되는 큰 비용을 지불하고 있는데, 나는 그렇게 큰 비용을 지불하는 것에는 반대한다. 사실 이 어튠먼트와 함께 당신에게 찾아오는 변화와 축복은 값으로 헤아릴 수 없는 것들이다. 그러므로 선행을 할 때 이 점을 고려하도록 한다. 선행의 목적으로 레이키를 보내기로 결정했다면, 지구를 힐링하거나 인종차별주의를 없애는 것, 세계 기아를 종식시키는 것과 같은 가치 있는 일을 향해 12시간 동안 레이키를 보내기 바란다. 당연히 당신은 한번에 12시간 모두 보낼 필요는 없다. 하루에 30분이나 1시간씩 보낼 수 있다. 그렇지만, 오래 걸리더라도 12시간을 꼭 채우기 바란다.

어튠먼트 준비

이 책에서 제시한 다른 어튠먼트와 마찬가지로 당신 자신을 위한 신성한 장소를 찾고 소금 목욕을 한 뒤, 원한다면 우스이 박사와 신성을 위해 초를 밝혀라. 자신을 위해 하루를 온전히 투자하도록 하라. 당신의 의식이 이 어튠먼트의 새로운 세계를 향해 열릴 것이다.

어튠먼트 경험

정한 날짜와 시간이 되면 다음과 같은 어튠먼트 챈트를 되뇌어 세 번째 디그리 레이키에 어튠한다.

우리에게 레이키를 선사한 당신을 찬양합니다.
이 신성한 빛을 계속 내려주시는 당신을 찬양합니다.
세 번째 디그리의 레이키 어튠먼트를 요청하오니
모두에게 은총을 베푸소서.
제게 은총을 베푸소서.

어튠한 후에는 당신에게 벌어진 아름다운 일을 충분히 받아들일 수 있도록 시간을 가져라. 그 순간을 즐겨라. 숲 속이나 해변을 산책하라. 시를 써라. 당신의 의식을 바꿈으로써 이 어튠먼트가 알게 해준 인생의 단순한 아름다움을 즐겨라.

15
돌과 양초에 레이키 어튠하기

세 번째 디그리 레이키는 주로 어튠먼트 과정과 관련이 있다. 레이키 어튠먼트를 전달하는 방법을 배우려면 먼저 내가 앞서 언급한 상징들을 암기해야 한다. 또한 어튠먼트 과정 동안 에너지를 상승시키는 기술을 배워야 할 사람도 많다. 이것은 항문과 생식기 사이의 에너지 관문인 후이 인 Hui Yin(회음)의 근육을 수축시킴으로써 에너지 관문을 닫고 또 다른 에너지 관문인 치아 뒤 입천장 상단까지 혀를 들어 올려 자신의 에너지의 레벨이 더 높은 진동으로 올라가도록 한다. 레이키 이전에 샤머니즘, 주술 magic이나 다른 형태의 영적 에너지 작업에 관련되어 있던 사람들은 종종 특별한 것을 추가하지 않아도 어튠먼트를 전달할 수 있는 충분히 높은 진동을 가지고 있었다. 하지만 거의 모든 레이키 티쳐에게는 이 특별한 기술을 개발할 시간이 필요하다.

에너지 수준 높이기

후이 인은 항문과 생식기 사이의 지압점이다. 이곳에는 수축할 수 있는 회음(會陰)이라는 작은 근육이 있다. 이 근육을 수축하면서 당신의 혀 끝부분을 치아 바로 뒤 입천장까지 들어 올리면, 당신의 전반적인 진동이 더 높은 수준으로 치솟는다. 바로 이 높은 에너지 수준을 통해서 어튠먼트 동안 레이키를 행할 수 있는 능력이 다른 사람에게로 전달된다.

얼마 동안 회음의 근육을 수축하면서 혀끝이 앞니 뒤 약 2.5센티미터의 입천장을 건드리도록 들어 올리는 연습을 하라. 이 방법에 익숙해지는 데에만 몇 주가 걸릴 것이다. 이 자세를 꽤 오랫동안 유지할 수 있어야 한다. 어튠먼트를 할 때 계속 이 자세를 유지해야 하는데, 그룹 어튠먼트라면 꽤 긴 시간이 될 수 있다. 오랫동안 이 자세를 유지하는 데 능숙해지면 레이키 어튠먼트를 돌에 해보도록 하자.

돌 어튠하기

돌은 한 번 어튠하면 계속 레이키를 발산할 것이다. 나는 종종 광물 세계의 레이키 힐러로서 이 돌들을 나 자신에게 이용한다. 돌에 레이키를 하면 어튠먼트를 사람에게 전달하는 방법을 배우는 데 도움이 된다. 또한 당신 자신 또는 타인에게 선물하기 위해 사용할 수 있는 훌륭한 힐링 도구가 된다.

돌에 어튠먼트를 전달할 때에는 우선 전통적인 두 번째, 세 번째 디그리 레이키 상징 여섯 개를 돌 위 공중에 모두 그린다. 인간 어튠먼트의 경우, 어튠먼트 동안 어튠하고 있는 사람의 오라를 여는 동시에 이들을 보호하기 위해 이 상징들을 그린다. 돌에 어튠먼트를 전달할 때에도 이 보호막을 이용할 것을 권장한다. 이러한 목적을 위해 티베트 마스터 상징을 시작으로 라쿠, 우스이 마스터, 초 쿠 레이, 세이 헤 키, 마지막으로 혼 샤 제 쇼 넨에 이르는 여섯 개의 상징을 차례로 그리는 습관을 갖는 것이 좋다.

공중에 전통적인 상징 여섯 개를 모두 그렸다면, 첫 번째 디그리나 두 번째 디그리 레이키를 위해 어튠먼트를 할 것인지에 대한 마음의 의도를 우주에 보낸다. (만약 세 번째 디그리 레이키를 위한 것이라면 어튠먼트 과정이 조금 달라진다.) 이제 회음부를 수축시키고 혀를 치아 뒤 입천장까지 들어 올린다(가능하다면 어튠먼트하는 동안 계속 이 자세를 유지한다). 그런 다음 돌 위 공중에 라쿠를 그려 나머지 레이키 상징들을 받을 수 있도록 돌을 열어준다.

이 시점에서 보라색 숨결을 준비한다. 당신은 마음속에서 티베트 마스터 상징의 보라색 이미지를 보게 될 것이다. 그러면 이 상징이 입 안에 있는 것처럼 그린 다음 돌에 이것을 불어넣는다.

보라색 숨결이 돌에 전해지면, 손으로 돌 위 공중에 우스이 마스터 상징을 그리고, 이 상징을 돌에 가져간다. 우스이 마스터 상징이 돌 중심부에 관통하고 있는 것을 시각화한다. 이제 초 쿠 레이를 이용해 상징을 공중에 그리고, 돌에 가져가는 위와 동일한 과정을 착실하게 반복한다. 그런 다음 세이 헤 키 상징도 똑같이 반복한다. 혼 샤 제 쇼 넨을 돌 위에 그리고, 다른 상징과 마찬가지로 돌에 가져가는 과정을 통해 이 부분의 어튠먼트를 끝마친다. 대체 상징을 추가할 경우에는 이 시점에서 다른 상징들과 같이 공중에 대체 상징을 그리고, 돌로 가져간다. 라쿠 상징은 실제로 돌로 가져가지 않는 유일한 레이키 상징이다. 라쿠 상징은 돌을 열어 상징들을 받을 수 있게 하는 데에만 사용한다.

다음으로 돌을 뒤집어 돌 위 공중에 초 쿠 레이를 그린다. 초 쿠 레이를 그린 손으로 돌을 세 번 두드리면서 매번 초 쿠 레이를 마음속으로 되뇐다. 세이 헤 키를 이용해 똑같은 과정을 반복한다. 즉, 공중에 한 번 상징을 그린 다음, 돌을 세 번 두드리면서 마음속으로 상징을 되뇐다. 혼 샤 제 쇼 넨을 이용해 같은 과정을 반복한다. 대체 상징을 추가한다면 대체 상징을 이용해 같은 과정을 반복한다.

이제 돌 위로 두 손을 맞잡고 돌의 한쪽 끝에서 다른 쪽 끝으로 입김을 내뿜고 다시 한쪽 끝에서 반대 방향으로 내뿜는다.

이 시점에서 나는 돌에게 신성한 사랑과 지혜와 더불어 레이키를 채널링 하도록 마음속으로 요청한다. 그런 다음 초 쿠 레이 상징을 세 번 돌 위에 눈으로 그리고, 마음속으로 다음과 같이 말하면서 이 과정을 봉인한다. "이 과정은 신성한 사랑과 빛으로 봉인됩니다." 그 후 나는 돌을 다시 뒤집고 회음부와 혀를 풀면서 마지막으로 숨을 분다. 이 숨은 이제 레이키에 어튠한 돌을 축복한다.

이 과정을 당신이 원하는 수만큼의 돌들에게 한다. 샤머니즘 관점에서 보면, 이 돌들에게는 의식이 있으므로 어튠먼트를 원하는지 반드시 물어보아야 한다. 다시 말해 그저 밖에 나가 눈에 보이는 아무 돌이나 집어 어튠해서는 안 된다는 것이다. 어튠받기를 바라는 바로 그 돌을 발견하기 위한 당신의 의도를 보내라. 당신의 직관에 귀를 기울이다 보면 어튠받길 원하는 돌이 당신을 부를 것이다.

돌을 어튠했다면 이것을 손으로 잡고 레이키가 흘러나오는 것을 느껴본다. (돌이 대체 상징에 어튠된 경우, 당신은 특정 상징의 에너지를 느끼게 될 것이다.) 이것은 어튠먼트 방법의 효과에 자신감을 얻을 수 있는 좋은 방법이다. 어튠먼트 이외에 그 어떤 것이 돌로 하여금 레이키를 발산하게 할 수 있겠는가? 때로 사람을 레이키에 어튠하고 나면, 이것은 단지 심적인 느낌일 뿐이며 상대가 어튠먼트를 믿기 때문에 손이 따뜻해지는 것이라고 생각할 수 있다. 하지만 돌을 어튠할 때에는 레이키 어튠먼트가 효과가 있으며 실제로 그럴 것이라는 것을 확신하게 된다. 당신의 어튠먼트 전달 능력에 자신감이 생길 때까지 이 과정을 반복하라. 이것을 힘들이지 않고 수월하게 할 수 있을 때까지 연습한다. 레이키가 필요한 신체 부위에 이 돌을 올려놓고 자신을 힐링한다. 나는 이 힐링을 하다가 종종 편안한 잠에 빠져들곤 한다. 이 돌을 이용해 다른 사람도 힐링할 수 있다. 돌을 마치 레이키가 흐르는 특별한 손이라 생각하면 된다.

양초 어튠하기

돌을 레이키에 어튠하는 연습을 통해 자신감을 얻었다면, 이제는 양초를 어튠할 차례이다. 양초를 어튠할 것을 제안하는 이유는 레이키를 양초 매직과 합치면 특정 상황이나 강한 힐링을 위해 한 번에 레이키를 여러 시간 혹은 심지어 며칠 동안 보낼 수 있다는 사실을 깨달았기 때문이다. 양초 매직은 종종 오일이나 약초를 사용해 양초에 영적 에너지를 부여한다. 혹은 룬 문자, 천사 같은 문양[angelic sigils], 행성 기호와 같은 의례적인 표시를 양초에 덧붙여 의도했던 에너지 기능을 불러오기도 한다. 레이키 양초 매직에서는 단순히 양초에 힘을 부여하는 주된 수단으로 양초를 레이키에 어튠한다. 나는 일전에 라임 질병[4 Lyme disease] 초기 단계에 있는 한 친구를 위해 양초를 어튠한 적이 있다. 페니실린도 친구의 질병을 없애지 못했고 대체요법이나 심지어 전통적인 레이키 힐링도 도움이 되지 않았다. 우리가 레이키에 어튠한 양초를 이용해 7일간 연속으로 친구에게 강렬한 힐링을 보낸 후에야 친구는 이 질병을 극복했다. 이 경험을 통해 나는 레이키에 어튠한 양초가 힐링 도구로써 얼마나 강력한 힘을 발휘할 수 있는지 깨달았다.

나는 양초를 레이키에 어튠할 때 며칠 동안 충분히 연소할 수 있는 큰 양초를 이용한다. 양초를 태울 때에는 물을 채운 수조에 병이나 다른 유리 용기를 두고 그 안에 양초를 넣는다. 보통은 내 욕조를 이용해 2.5~5센티미터 정도 물을 채운 다음 양초가 든 유리 용기를 욕조에 놓는다. 양초 주변을 물로 채우지 못한다면 양초가 계속 타게 두지 마라.

양초를 어튠하려면 먼저 회음부를 수축시키고 혀를 입천장 상단까

---

4 발진, 발열, 관절통, 만성 피로감, 국부 마비 등을 보이는 감염 질환

지 올리면서 공중에 전통적인 레이키 상징 여섯 개를 그린다. 이 어튠먼트에서 사용할 대체 상징을 추가해도 좋다. 이 일을 다 하고 나면 마음속으로 의도한 레이키 어튠먼트 단계를 보낸다. (나는 시공간 매트릭스를 초월해 레이키를 보내는데 양초를 이용하기 때문에, 항상 두 번째 디그리 레이키를 사용한다.) 그런 다음 양초 위에서 맨 아래까지 공중에 라쿠를 그린다. 양초가 상징을 받을 수 있게 되었으므로, 보라색 숨결을 준비하고 이것을 양초 위에 불어넣는다. 그러면서 이 숨결이 양초 중앙을 통해 아래로 내려가도록 눈으로 그린다. 그 후 양초 위에 우스이 마스터 상징을 그려서 손으로 양초에 가져간다. 이것이 양초의 중앙으로 움직이도록 눈으로 그린다. 초 쿠 레이도 마찬가지로 이 과정을 반복한다. 양초 위에 상징을 그리고, 먼저 손으로, 그다음에는 마음으로 상징을 양초 중앙으로 가져간다. 세이 헤 키로도 이 과정을 반복한다. 마지막으로 혼 샤 제 쇼 넨 상징을 이용해 반복한다. 원한다면 이 시점에서 위와 동일한 방법으로 대체 상징을 추가한다.

    상징을 양초 윗부분을 통해 주입했다면 양초를 뒤집어 초 쿠 레이를 양초 바닥 위 공중에 그린다. 같은 손으로 양초 바닥을 세 번 두드리면서 초 쿠 레이를 되뇐다. 세이 헤 키를 이용해 같은 과정을 반복한다. 그 후 혼 샤 제 쇼 넨을 이용해 동일한 과정을 반복한다. 원한다면 위와 동일한 방법으로 대체 상징을 추가한다.

    혼 샤 제 쇼 넨 또는 마지막 대체 상징을 양초 바닥에 그리고 두드리면서 되뇌는 동작이 끝난 후에는 양초 위에서 바닥, 다시 바닥에서 위까지 입김을 내뿜는다. 그런 다음, 신성한 사랑과 지혜에 따라 양초가 레이키를 보낸다는 확신을 마음속으로 양초에 주입한다. 초 쿠 레이 상징을 양초 위에 세 번 눈으로 그리고, 마음속으로 다음과 같이 말해 이 과정을 봉인한다. "이제 신성한 사랑과 빛으로 이 과정을 봉인합니다." 그런 다음 회음부와 혀를 풀고 양초 위에 축복을 불어넣는다. 이제 당신은 몇 시간 혹은 심지어 며칠 동안 레이키를 보낼 수 있는 도구를 갖게 되었다. 다음 장에서는 이 새로운 도구를 사용하는 방법에 대해 배우게 될 것이다.

16
레이키에 어튠한 돌과 양초 사용법

앞 장에서는 돌과 양초를 레이키에 어튠하는 방법에 대해 알아보았다. 그 과정을 통해 당신은 어튠먼트 과정을 연습하고 이것에 능숙해질 수 있다. 레이키에 어튠한 돌과 양초는 경이로운 도구가 될 수 있다. 먼저 레이키에 어튠한 돌을 어떻게 사용하는지 알아보자.

레이키에 어튠한 돌 사용법

레이키에 어튠한 돌을 사용할 때 좋은 점은 이것을 당신의 몸에 올려놓고 스스로 휴식을 취할 수 있다는 것이다. 레이키 자기 힐링 시에는 이 방법만큼 휴식을 취할 수 없을 것이다. 돌은 끊임없이 레이키를 발산하며 지치지 않는다. 또한 시간당 요금을 부과하지도 않는다. 질병이 있을 때 두세 시간 동안 레이키로 힐링하고자 한다면 이 돌 힐러만큼 완벽한 것은 없다.

나는 레이키 돌을 많이 가지고 있는데 일반적인 레이키에 어튠한 돌도 있고, 대체 상징에 어튠한 돌도 있다. 대체 상징에 어튠한 돌들은 그 상징의 에너지를 끊임없이 발산한다. 이 때문에 나는 대개 돌 하나당 하나의 대체 상징을 사용한다. 하지만 이 에너지들이 결합하여 동시에 흐르기를 바란다면 더 많은 상징을 이용할 수 있다.

나는 종종 원 러브 레이키에 어튠한 돌을 가슴 짜끄라 뒤에 놓고 엎드려서 휴식을 취한다. 이 돌은 내 등의 중간 위 척추에 놓은 채 원 러브 레이키를 가슴 짜끄라 뒤로 흘려보낸다. 언제라도 그것은 누구에게나 경이로운 경험이지만, 사랑받지 못한다고 느끼거나 사랑이 가치 없는 것이라고 생각하는 사람을 힐링하는 경험도 될 수 있다. 원하는 시간만큼 돌을 올려두어라. 휴식이 끝나면 물로 돌을 씻고 집의 특별한 장소에 보관하여 돌을 예우한다. 나는 내 레이키 돌을 실내 화초 근처에 둔다. 때로는 화초 흙 위에 레이키 돌들을 에워싸기도 한다. 화초와 돌도 이 방법을 좋아하는 듯하다.

전통적인 레이키 상징에 어튠한 돌 두 개를 이용하는 것도 좋은 힐링 방법이다. 엎드린 후 돌 하나는 당신의 꼬리뼈 위에 두고 다른 하나는 목 위에 둔다. 레이키가 돌 사이에서 당신의 척추로 흐를 것이다. 본질적으로 이 방법은 다른 사람을 위한 레이키 힐링에서 설명한 척추 균형 기법*spine—balancing technique*이다(6장 참조). 하지만 돌 덕분에 당신은 원한다면 언제든지 자신에게 이 힐링 방법을 사용할 수 있다.

이러한 방법으로 자기 힐링에 돌을 이용한다면 분명 완전한 휴식을 취할 수 있다. 팔을 특정 위치에 둘 필요도 없고 다음 동작을 위해 정신을 바짝 차릴 필요도 없다. 그저 레이키를 받길 원하는 곳에 돌을 올려두고 휴식을 취하라. 신경 쓰이는 특정 부위가 있다면 그곳에 어튠한 돌을 올려놓아라. 예를 들어 암 치료를 받는 중이라면 현재 암이 있는 곳 위에 리쉬 티 레이키에 어튠한 돌을 몇 개 올려두어라. 기침 감기가 있는 사람은 자신의 가슴 위에 돌을 몇 개 올려두어라. 당신을 제한하는 것은 오직 당신의 상상력과 사용할 수 있는 돌의 개수이다. 레이키 돌을 이용한 힐링이 끝나면 돌을 내려놓고 얼마 동안 그라운딩할 시간을 갖는다. 이를 위해 몇 분간 당신의 발에 레이키를 보낸다.

당신의 에너지에 균형을 맞추는 방법은 의외로 간단하다. 5분 동안 양손에 레이키 돌을 잡고 있기만 하면 된다. 돌이 당신의 양쪽 팔에 레이키를 흘려보내고 당신 역시 돌에 레이키를 흘려보내게 되면, 레이키가 정수리를 통해 들어와 상반신을 힐링하게 된다. 이 현상은 당신이 레이키를 보낼 때마다 일어나는 것이지만 이번에는 돌이 양팔을 통해 레이키를 흐르게 함으로써 이 효과를 크게 상승시킬 수 있다. 이런 식으로 돌을 잡고 있으면 당신은 평온함, 개운함과 중심이 잡혀져 있음을 느끼게 될 것이다.

레이키로 돌을 이용하는 마지막 방법은 이렇다. 나는 돌이 더 무거울수록 레이키가 더 강하게 흐르는 것 같다는 생각이 들었다. 나는 목적에 따라 여러 크기의 돌을 사용하는 것을 좋아한다. 배에 평평한 돌 두어 개를 올려두면 꽤 강한 레이키의 흐름이 발생한다. 이마와 얼굴에 놓을 수 있는 작은 돌들도 몇 개 있지만, 더 작은 돌로 동일한 결과를 얻는 것은 기대하지 않는다. 작은 돌로 힐링할 때에는 몇 개를 함께 이용하여 이들 사이의 레이키가 증폭되도록 한다. 실험을 통해 당신 자신에게 가장 효과적인 방법을 찾자.

레이키에 어튠한 양초 사용법

레이키 양초는 레이키 돌을 사용하는 것만큼 간단하지가 않다. 하지만 보내진 레이키로 장기간의 큰 변화를 촉진할 수 있어 훨씬 더 효과적이다. 이것은 말 그대로 한 번에 며칠 동안 레이키를 보낼 수 있기 때문이다. 이렇게 생각해보자. 1시간의 힐링으로 건강을 증진시킬 수 있다면, 30시간의 힐링으로는 무엇을 할 수 있을까? 레이키를 과도하게 사용할 위험도 존재하지만, 현명하게 사용하기만 한다면 레이키 양초는 신체적 질병과 환경적 문제를 해결할 수 있는 매우 효능 있는 도구가 될 것이다.

어튠한 레이키 양초를 이용하려면 레이키를 보내고자 하는 곳을 양초 위에 적는다. 예를 들어 이렇게 쓸 수 있다. "이 양초는 나의 일주일을 밝고, 열리며, 사랑스럽게 만들기 위해 레이키를 보낸다." 나는 보통 글라스 펜을 이용해 양초가 들어 있는 유리에 이런 문구를 적는다. 하지만 원한다면 작은 칼이나 핀을 이용해 양초에 글을 새겨 넣을 수도 있다. 의도를 적었다면 한 손은 양초 위에, 다른 한 손은 양초 바닥에 두고 당신의 사이킥 연료가 양초에 가득 차는 것처럼 상상하여 당신의 사이킥 에너지를 양초에 충만하게 한다. 양초가 마법을 부릴 수 있도록 양초에 에너지를 제공하는 것이 바로 이 연료이다. 당신이 요청하는 매직은 당신의 의도에 맞게 레이키를 보내는 것이다. 당신의 의도가 당신이나 당신의 도움에 동의한 다른 사람을 위한 것임을 확실히 하라. 당신의 의도를 적고 양초를 충전했다면, 양초를 몇 시간 혹은 며칠 동안 탈 수 있는 안전한 곳에 두어라. 양초 높이보다 더 넓은 수조에 물을 가득 채우고 양초가 든 용기를 놓는다. 그러면 양초가 넘어지더라도 물에 닿아 꺼지므로 위험하지 않다. 당신이 양초를 계속 지켜볼 수 없다면 이렇게 하는 것이 가장 안전하다.

나는 자기 힐링에 레이키 양초를 이용해 과거의 정서적 상처들을 발산하는 것을 도왔다. 하지만 이 방법은 당신이 완전히 준비되기 전까지는 권장하고 싶지 않다. 이 방법으로 당신은 며칠간 감정에 휘둘릴 수 있으며 안정되지 않은 느낌이 들 수 있다. 하지만 당신이 떨쳐버리지 못하는 문제의 핵심으로 들어가고 싶다면, 일주일 동안 멈추지 않고 탈 수 있는 큰 레이키 양초를 이용할 것을 권장한다. 형이상학적인 내용의 책을 판매하는 서점에서 이런 양초를 발견할 수 있을 것이다. 양초를 충전하여 마음 힐링을 위한 세이 헤 키를 보낸다. 양초가 일주일 동안 타도록 두어라. 많은 레이키가 발생하여 당신의 신장을 과도하게 움직이게 하므로, 이 기간에는 충분한 수분을 섭취하도록 한다. 이 기간에 물과 주스를 많이 마시지 않으면 탈수하여 두통이 올 수도 있다. 일주일이 지나면 당면한 문제에 대한 이해와 정서에 깊은 변화가 있음을 알아차릴 것이다.

레이키 양초를 이용하는 것은 신체적, 정신적, 상황적인 모든 문제를 해결하는 탁월한 방법이다. 당신을 제한하는 것은 상상력과 다른 사람의 자유의지뿐이다. 레이키 양초는 훌륭한 힐러가 될 수 있다. 이것을 현명하게 사용하도록 하라.

17
타인을 레이키에 어튠하기

이 장의 내용은 더 깊은 레이키 경험을 탐구하길 원하는 가족, 친척, 친구, 연인을 어튠하기 위한 것이다. (앞서 말한 것처럼 레이키 힐러가 되고자 하는 사람은 인증된 레이키 티쳐에게 충분한 교육을 받아야 한다.) 나는 레이키를 인간이 경험할 수 있는 필수 요소로 만들고 인간 의식의 전반적인 진동을 증가시키기 위해 이 책에 레이키 어튠먼트에 관한 내용을 포함시켰다.

모두가 이용할 수 있는 레이키

사랑하는 사람을 어튠하는 것은 인생의 큰 기쁨 중 하나이다. 당신과 가까운 사람이 함께 이 신성한 활동에 참여한다면 영적으로 헤아릴 수 없을 만큼 성장하게 될 것이다. 나는 모든 사람이 이 경험을 할 수 있게 되기를 바란다. 나는 영적인 안내에 따라 레이키가 더는 특권이 아니며, 사실 모든 사람의 권리이자 영적 존재로서 계속 진화하는 우리에게 없어서는 안 될 부분임을 알고 있다. 이것은 우리가 모두 시간과 헌신, 교육이 필요한 전문적인 레이키 힐러가 되어야 한다는 말이 아니다. 일반적인 영적 에너지 언어이자 자신, 친구, 가족을 위한 힐링의 원천으로써, 신성뿐만 아니라 우리와 이 지구를 공유하는 모든 존재와의 관계를 깊어지게 하는 도구로서 레이키를 원하는 모든 사람이 이용할 수 있어야 한다는 말이다.

아마도 언젠가는 아이가 부모로부터 레이키 어튠먼트를 받는 것이 성장하고 인생에 대해 배우는 과정의 일부로써 평범한 일이 될 것이다. 레이키 상징은 에너지 알파벳과 매우 흡사하기 때문에 모든 가정에서 이 분야에 대한 지식을 쌓을 수 있을 것이다. 지식을 쌓을 수 있는 능력과 마찬가지로, 상징을 알고 이에 어튠하는 것만으로 방, 직장, 관계의 에너지를 변화시킬 능력도 갖추게 될 것이다. 이러한 능력은 현재 주로 몇몇 부유한 사람만이 가지고 있다. 모든 사람이 이러한 능력을 갖추게 된다면 얼마나 멋진 일이 되겠는가. 이것은 전 인류가 이 능력을 갖출 첫 번째 단계이다.

아이가 불량배들과 마주치지 않도록 세이 헤 키 레이키를 보낼 수 있다면 인생이 얼마나 달라질지 생각해보라. 왜 모든 사람이 이 능력을 가지면 안 되는가? 친구나 연인이 질병이나 부상으로 겪는 고통을 줄이도록 도울 수 있다면 어떨까? 이런 능력을 모든 인류가 갖출 수는 없는가? 이런 능력은 실제로 존재하며 우리는 이제 이러한 능력을 방대한 범위로 제공할 힘을 가지고 있다. 단 몇 사람만이 레이키를 가질 수 있다는 생각은 분열을 야기하며 '하나 됨Oneness'에서 멀어지게 한다.

문은 모든 사람에게 열려 있어야 한다. 비록 어떤 사람들은 자신이 완전한 교육을 받은 레이키 힐러라고 속여 이 책의 의도를 더럽힐 수도 있다. 하지만 이렇게 생각하는 사람은 거의 없으며, 전 인류가 레이키라 부르는 이 신성한 에너지에 융합하기 시작하면 그 수는 훨씬 더 줄어들 것이다.

첫 번째 디그리, 두 번째 디그리 어튠먼트 과정

어튠먼트 과정을 시작하려면, 당신이 어튠하려는 사람 뒤에 서서 여섯 개의 레이키 상징(티베트 마스터 상징, 우스이 상징, 라쿠, 초 쿠 레이, 세이 헤 키, 혼 샤 제 쇼 넨)을 모두 공중에 그린다. 상대는 편하게 앉는다. 이것은 편의를 위한 것으로 반드시 따를 필요는 없다. 보호를 위해 공중에 여섯 개의 상징을 그리는 동안 회음을 수축시키고 혀를 입천장까지 들어 올린다. 첫 번째 디그리 또는 두 번째 디그리 레이키 어튠먼트를 위한 당신의 의도를 마음속으로 보내라. 세 번째 디그리 레이키 어튠먼트는 조금 다르므로 잠시 후에 설명할 것이다.

공중에 상징을 그리고 후이 인으로 회음 근육을 수축시키며 혀를 입천장 상단까지 들어 올리고 의도를 생각하는 일을 정했다면, 상대의 머리 상단에서 미골까지 공중에 라쿠를 그려 마지막 나선형이 미골에서 빙빙 돌도록 한다. 이것은 상대가 상징을 받을 수 있도록 오라를 열어준다.

이제 상대의 뒷머리로 몸을 기울여 당신의 입이 상대방의 머리 위로 오도록 한다. 마음속으로 보라색 숨결을 요청하고 이것이 나타나도록 준비한다. 보라색 티베트 마스터 상징이 보이면 이것을 상대의 크라운 짜끄라로 불어 넣고 이것이 두개골과 목이 만나는 뇌간(brain stem)의 하부까지 내려가는 것을 상상한다.

다음으로 우스이 마스터 상징을 상대의 머리 위에 그리고, 손으로 이것을 아래로 가져가면서 이것이 상대의 머리에서 뇌간 아래까지 내려가는 것을 상상하라.

이제 상대의 어깨를 두드리고 상대에게 기도하는 자세처럼 손을 모아 머리 위로 들어 올리라고 요청한다.

머리 상단과 손 위 공중에 초 쿠 레이를 그리고, 손으로 이것을 아래로 가져가면서 이 상징이 상대의 손을 통과해 머리 상단을 지나 뇌간까지 내려가는 것처럼 상상한다. 세이 헤 키를 이용해 이 과정을 반복한다. 마지막으로 혼 샤 제 쇼 넨을 이용해 이 과정을 반복한다. 같은 방법으로 대체 상징을 추가할 수 있다.

이제 상대의 앞으로 온다. 상대의 손을 당신 앞으로 부드럽게 펼쳐 손바닥을 펴고 손가락을 몸통 앞으로 뻗는다. 당신의 한 손을 상대의 손 아래에 받치고 다른 한 손으로는 상대의 손바닥 위 공중에 초 쿠 레이를 그린다. 마음속으로 초 쿠 레이를 세 번 되뇌면서 상대의 손바닥을 세 번 두드린다.

상대의 손바닥에 초 쿠 레이를 놓았다면 이제는 손바닥 위 공중에 세이 헤 키를 그리고, 마음속으로 세이 헤 키를 세 번 되뇌면서 매 챈트마다 손바닥을 두드린다.

세이 헤 키를 상대의 손바닥에 놓았다면 혼 샤 제 쇼 넨을 이용해 위 과정을 반복한다. 그 후 같은 방법으로 대체 상징을 추가한다.

이제 기도하는 것처럼 가슴 앞에 상대의 손을 함께 모은다. 이 시점에서 머리 위부터 생식기까지, 다시 아래에서 머리 상단까지 숨을 불어 넣는다. 가능하면 단숨에 하도록 한다.

다시 상대의 뒤로 가서 당신의 손을 상대의 어깨에 얹고 다음 문장을 마음속으로 세 번 반복한다.

신성한 사랑과 지혜로 레이키를 사용할 수 있도록 힘을 부여해 주시옵소서.

그런 다음 당신의 손바닥을 상대의 두개골 하단에 놓고 세 개의 초쿠 레이 상징이 안으로 들어가 이 과정을 봉인하는 것처럼 상상하라. 이렇게 하는 동안 마음속으로 다음과 같이 말한다.

이제 신성한 사랑과 빛으로 이 과정을 봉인합니다.

상대의 앞으로 다시 돌아가서 한 손바닥은 심장 위에, 다른 한 손바닥은 복부에 두도록 부드럽게 인도한다. 이를 통해 상대는 레이키라는 새로운 선물이 자신의 손을 통해 흐르는 것을 느낄 수 있다. 이 시점에서 회음부와 입을 풀고 축복의 숨을 상대에게 불어 넣는다.

두 사람은 잠시 행동을 그대로 멈추고 이 신성한 순간이 당신과 함께 하도록 두어야 한다. 방금 어튠한 상대가 이 신성한 순간을 보낼 적절한 순간을 결정하도록 두어라. 어떤 사람들은 10초간 앉아 있는다. 또 어떤 사람들은 겨우 5분~10분간 앉아 있었던 것이 마치 한 시간이 지난 듯한 느낌을 받기도 한다.

세 번째 디그리 어튠먼트 과정

세 번째 디그리 어튠먼트를 하려면 이 어튠먼트 과정에서 몇 가지를 수정한다. 상대 뒤에서 시작해 상대에게 기도하는 사람처럼 손을 모아 머리 위로 올리라고 요청한다. 여섯 개의 전통적인 레이키 상징(티베트 마스터 상징, 우스이 상징, 라쿠, 초 쿠 레이, 세이 헤 키, 혼 샤 제 쇼 넨)을 공중에 그리고, 회음을 수축시키면서 혀끝을 입천장까지 들어 올린다. 이런 어튠먼트 방법을 이용한다는 사실에 이미 내포되어 있긴 하지만, 세 번째 디그리 어튠먼트를 하겠다는 의도를 마음속으로 생각한다.

일단 상징을 그리고 나면 상대의 머리끝에서 미골까지 라쿠를 그려 상대의 오라를 연다. 이제 보라색 숨결을 준비한다. 보라색 숨결이 오면 티베트 마스터 상징을 상대의 손을 통과해 머리로 들어가도록 불어 넣는다. 동시에 이것이 뇌간 하부까지 내려간다고 상상한다. 이제 우스이 마스터 상징을 상대의 손 위 공중에 그리고, 이것이 상대의 손을 통과해 머리 안으로 들어가도록 인도한다. 이것이 뇌간 하부까지 내려가는 것처럼 상상한다. 상대의 손 위에 라쿠를 그리고, 이것이 상대의 머리로 내려가 뇌간 하부에 머무르도록 인도한다. 초 쿠 레이와 세이 헤 키를 차례로 이용해 이 과정을 반복한다. 혼 샤 제 쇼 넨으로 같은 과정을 반복해 이 부분의 어튠먼트를 마무리한다.

이 시점에서 상대의 앞으로 와서 상대의 손을 당신 앞에 부드럽게 펴 상대의 손바닥이 함께 위를 향하도록 한다. 손가락을 편다. 티베트 마스터 상징을 손바닥 위 공중에 그리고, 손바닥을 세 번 두드리면서 매번 두드릴 때마다 "다이코묘"를 되뇐다. 그런 다음 상대의 손바닥 위 공중에 우스이 마스터 상징을 그리고, 손바닥을 세 번 두드리면서 다시 한 번 매번 두드릴 때마다 다이코묘를 되뇐다. 이제 상대의 손바닥 위에 라쿠를 그리고, 손바닥을 세 번 두드리면서 각 두드릴 때마다 라쿠를 되뇐다. 초 쿠 레이로 상징을 그리고, 손바닥을 두드리면서 상징을 되뇌는 같은 과정을 반복한다. 세이 헤 키를 이용해 동일한 과정을 반복한다. 혼 샤 제 쇼 넨으로 같은 과정을 반복하고 상대의 머리에서 허벅지, 다시 머리 위까지 숨을 불어 넣어 이 부분의 어튠먼트를 마무리한다.

이제 상대의 뒤로 가서 손을 상대의 어깨 위에 얹는다. 마음속으로 다음과 같이 세 번 말한다.

신성한 사랑과 지혜로 레이키를 사용할 수 있도록 인도해 주시옵소서.

이제 초쿠레이를 세 번 마음으로 챈팅하는 동안 당신의 손바닥을 상대의 두개골 하단에 놓고 초 쿠 레이 상징을 세 번 떠올리고 뇌간에서 이 과정을 봉인한다. 이렇게 하는 동안 마음속으로 다음과 같이 말한다.

이제 신성한 사랑과 빛으로 이 과정을 봉인합니다.

다시 상대의 앞으로 와서 상대의 한 손바닥은 심장 위, 다른 한 손바닥은 복부에 두도록 한다. 그런 다음 회음과 혀를 풀면서 상대에게 축복을 불어 넣는다. 상대는 이제 세 번째 디그리 레이키에 완전히 입문한 것이다.

다른 어튠먼트와 마찬가지로 상대가 온전한 아름다움과 경이로움으로 이 순간을 완전히 흡수할 수 있는 신성한 시간과 공간을 갖도록 하라.

에너지 교환 요청하기

당신이 하는 모든 레이키 어튠먼트는 에너지 교환을 요청하는 것이 중요하다. 전문적인 레이키 티쳐가 되려는 목적으로는 이 정보를 사용하지 말아야 한다는 내 주장에서 볼 때, 이것은 참으로 까다로운 말이다. 무언가로 환원하지 않는 사람들은 자신이 받은 선물에 대해 진심으로 감사하지 않는 경우도 종종 있기 때문에 에너지 교환이 필요하다. 나는 지금까지 무료로 몇몇 사람들을 어튠했는데, 그때마다 이 사람들은 레이키의 의미나 레이키가 하는 역할에 대해 완전히 파악하지 못하는 듯했다. 나는 영적이고 지적인 이들을 교육하려고 갖은 노력을 다했지만 결과는 마찬가지였다. 에너지 교환을 망설이는 것은 레이키에 감사할 수 있으면서도 일부러 생략하는 것처럼 보인다. 이러한 이유로, 나는 당신이 어튠하는 사람이라면 누구든지 동일한 에너지 교환을 이행할 것을 제안한다. 이 에너지 교환은 레이키 어튠먼트 챈트를 설명한 장에서 언급한 것처럼 지구를 치유하고 더 평화롭고 좋은 세상을 만들기 위해 에너지를 보내는 것이다.

힐링 어튠먼트 과정

당신이 알아야 할 또 한 가지는 힐링 어튠먼트라 부르는 어튠먼트 과정의 변화이다. 이것은 실제로 사람을 레이키에 어튠하는 과정을 수반하지 않는다. 대신 매우 유용하게 쓰이는 거대한 힐링 에너지의 능력을 얻게 된다. 힐링 어튠먼트 과정은 몇 가지 사소한 수정 사항을 제외하고는 첫 번째 디그리 어튠먼트와 동일하다. 먼저 하려는 어튠먼트가 힐링 어튠먼트임을 마음속으로 말하고 필요한 경우에는 특정 문제나 질병에 사용하고자 의도한다. 그런 다음 공중에 상징 여섯 개를 그리면서 회음부 근육을 수축시키고 혀를 입천장으로 들어 올린다. 크라운 짜끄라에 보라색 숨결을 불어 넣고 이것이 척추 하부까지 내려가도록 인도한다. 그런 다음 상대의 머리 위에 우스이 마스터 상징을 그리고, 이것이 척추 하부까지 내려가도록 상상한다. 상대의 손을 머리 위로 들지 않고 초 쿠 레이로 이 과정을 반복한다. 세이 헤 키로 다시 반복한다. 혼 샤 제 쇼 녠으로 이 과정을 마무리한다.

상대의 앞으로 가서 짜끄라 상단에서 하단으로 다시 상단으로 숨을 불어 넣는다. 그런 다음 상대의 뒤로 가서 손을 상대의 어깨에 얹은 다음 마음속으로 다음과 같이 세 번 되뇐다.

신성한 사랑과 지혜로 레이키를 사용할 수 있도록 힘을 부여해 주시옵소서.

그런 다음 상대 앞으로 돌아가서 회음부와 혀를 풀면서 마지막 힐링 축복을 불어 넣는다. 힐링 어튠먼트는 신체적 문제나 정신적 문제를 해결하거나 일상생활을 매끄럽게 다루는 데에도 유용하다.

다음 장에서는...

이제까지 각 디그리의 레이키를 위해 어튠먼트를 전달하는 방법을 알았고 세 단계의 모든 레이키에 어튠했다면, 당신은 여행이 끝났다고 느낄지도 모른다. 하지만 사실 여행은 이제 막 시작한 것이다. 다음은 의식을 변형시키고 레이키에 대한 이해를 변화시키기 위해 레이키를 사용하는 새롭고 획기적인 내용으로 가득 차 있다. 이는 완전한 교육을 받은 레이키 티쳐 대부분에게도 새로운 것이다.

18
사후Sahu를 통한 레이키

나는 1995년에 세 번째 디그리 레이키에 어튠했다. 그 해에 나는 뉴욕 라인벡에 있는 오메가 협회Omega Institute for Holistic Studies의 텐트에 살았다. 여름에는 많은 사람이 이곳에 일하러 와서는 텐트에서 함께 살았는데, 그 중 한 사람이었던 나는 집에 있을 때면 매일 저녁 내 영적 제단 앞에 초를 켜두고 일상적으로 하던 수행practice을 포기해야만 했다. 이 수행을 보충하는 의미로 나는 내 영적 생활의 일부였던 비전esoteric, 秘傳의 수행과 레이키를 종합하여 의식적ritualistic으로 레이키를 사용하는 실험을 시작했다.

레이키와 이집트 형이상학

내 영적 길의 많은 부분이 이집트 여신 세크메트Sekhmet 5와 관련이 있었기 때문에, 나는 이집트 형이상학 구조에 레이키를 활용하기 시작했

---

5 고대 이집트 신화에서 등장하는 암사자머리를 한 파괴의 여신

다. 그 결과 나는 사후라는 가장 신성한 인간 존재의 양상이자 본질적으로 시공간 바깥에 존재하는 에너지체를 레이키에 어튠할 수 있다는 사실을 깨달았다. 이것은 물리적인 것이 아니지만 어튠할 수 있다. 또한 이것이 세 번째 디그리 레이키에 어튠한다면 어튠먼트를 보낼 수도 있다. 이 방법은 추후 설명하기로 한다.

힐링을 위한 일시적인 어튠먼트

사후와 마찬가지로 혼 샤 제 쇼 넨은 시공간 너머에 있는 것처럼 보인다. 혹은 적어도 시공간을 초월할 수 있을 것 같다. 나는 우연한 실험을 통해 시공간을 초월할 수 있는 이 두 가지 힘이 만났을 때 레이키 어튠먼트를 해제하거나 효과적으로 끌 수 있다는 사실을 발견했다.

일반적으로 레이키 어튠먼트는 평생 지속되며 한번 받으면 사라질 수 없다. 일시적인 어튠먼트를 할 수 있는 능력을 갖게 되면 질병에 걸렸거나 강한 힐링이 필요한 신체 부위를 레이키에 어튠할 수 있다는 장점이 있다. 하지만 일반적인 레이키 어튠먼트는 해제될 수 없기 때문에 이것은 정상적인 레이키 상황에서는 불가능한 일이다. 예를 들어 한 사람의 간을 전통 방식으로 레이키에 어튠하면 그 후로 그 간에는 평생 레이키가 흐르게 된다. 그 사람은 강한 중압감을 느끼고 심지어 두려움까지 느낄 것이다. (나 역시 부상당한 척추를 어튠한 후 레이키가 꾸준히 흘렀을 때 이런 경험을 했다. 결국 이것에 익숙해지긴 했지만, 처음에는 두려웠다.)

어떻게 어튠먼트를 해제할 수 있을까? 어튠먼트는 시간을 초월할 수 있는 곳에서 나오며 시간을 초월할 수 있는 상징을 이용하기 때문에, 시간에 관한 문제는 관계가 없다. 어튠먼트가 한 사람의 신체적 몸에 주어진다면 그 몸은 시공간 매트릭스에 뿌리내린다. 그러므로 사람의 몸을 통해 시작되는 어떤 어튠먼트는 이 매트릭스의 한계에 종속된다. 시간이나 공간 매트릭스 안에서 강력한 어튠먼트를 받으면 평생 지속될 것이다. 하지만 시공간을 초월한 곳에서 어튠먼트를 받으면 이것은 위와 같은 법칙에 종속되지 않는다. 어튠받고 있는 사람이 시간이나 공간 매트릭스에 존재하더라도 말이다. 이 어튠먼트는 시공간 안에 있는 특정 시점에서 받는 것이 아니기 때문에, 식 $equation$ 으로 나타냈을 때 이 요소는 자유롭고 개방적인 변수이다. 즉 열린 창문을 통해 사후가 어튠먼트를 해제하도록 하는 것이다. 이것은 사후만이 할 수 있는 일이다. 내가 물리학의 상대성 이론과 법칙을 더 잘 이해했다면 더 잘 설명할 수 있었을 것이다.

나는 내 학생들을 레이키에 어튠할 때 이 기술을 사용하지 않는다. 나중에 어튠먼트를 해제할 권리가 내게는 없다고 생각하기 때문이다. 한 사람을 레이키 힐러로 만들기 위한 어튠먼트는 평생 지속되어야 하기 때문에 사후가 포함되어서는 안 된다. 사후를 통한 레이키 방법은 오직 암을 리쉬 티 레이키에 어튠하거나 폐렴이 있는 사람의 폐를 레이키에 어튠하는 것과 같이 특정한 힐링을 위해서만 권장한다. 누군가를 힐러로서 어튠하기 위해 사후를 통한 레이키 어튠먼트 방법을 사용하는 것은 부당하며, 티쳐가 어느 날 이 능력을 앗아갈 수 있다는 두려움을 남기게 된다. 이러한 상황은 부당할 뿐만 아니라 현명하지 못한 것이다.

레이키와 인생에 대한 새로운 자각과 사후를 통한 레이키의 효과를 이해하는 가장 좋은 방법은 이것을 경험하는 것이다. 사후를 통한 레이키의 작용 이유에 대한 내 이론은 직관과 추측에 기초한 것이다. 하지만 사후를 통한 레이키의 실험 결과, 이 방법이 심오한 힐링을 가져올 수 있다는 사실을 알았다. 이 기술은 효과적이므로 꼭 사용해보기 바란다.

사후를 어튠먼트 하는 과정

당신은 곧 모든 세 가지 디그리의 레이키를 위해 사후 수준에 레이키를 어튠할 수 있는 챈트를 이용하게 될 것이다. 사후는 어튠먼트를 해제할 수 있다. 하지만 이 어튠먼트는 어튠먼트를 전달하는 수단으로 챈트를 이용해 몸 안에 있는 나에게서 당신의 사후로 보내지고 있다. 이러한 방식으로 사후에게 보낸 어튠먼트는 해제할 수 없다. 사후에게 어튠먼트를 해제할 수 있는 능력이 주어진다 하더라도 말이다. 그렇기 때문에 나는 선생으로서, 이 어튠먼트를 해제할 권리를 가졌다고 생각할 수 없다. 그러므로 레이키 어튠먼트는 시공간에 존재하는 내 일부에서 시공간 밖에 존재하는 당신의 일부로 보내지는 것이다. 당신은 시공간 밖에 존재하는 당신의 일부가 어튠되면, 당신의 그 일부로부터 받은 레이키 어튠먼트를 해제할 능력을 갖게 될 것이다. 당신은 전통적인 방식으로 받은 어튠먼트를 해제할 수 없으며 추후 전통적인 방식으로 얻게 되는 어튠먼트가 이 사후를 통한 어튠먼트의 영향을 받을 일도 없을 것이다. 당신의 사후가 어튠된 후에는 당신의 사후로부터 레이키 어튠먼트를 보낼 수 있는 능력이 부여될 별도의 기법이 있다[6].

다른 모든 레이키 어튠먼트와 마찬가지로 이 어튠먼트를 위해 적절한 에너지 교환을 생각해 보아야 한다. 나는 세상의 기아를 끝낼 수 있도록 총 24시간의 레이키를 보낼 것을 제안한다. 이러한 에너지 힐링은 우리의 사고방식을 변화시킴으로써 기아와 아사를 야기하는 경제적, 정치적 현실을 변화시킬 것이다.

물론 이 에너지 교환 수준에서 당신이 옳다고 생각하는 다른 선행을 할 수도 있다.

어튠먼트를 받기 위해 당신에게 특별하다고 느끼는 날을 정하라. 당신의 오라를 깨끗이 하기 위해 소금 목욕을 하고 신성한 곳으로 간다. 원한다면 우스이 박사와 신성을 위해 초를 밝힌다. 다음 챈트를 되뇌어 어튠먼트를 요청한다.

우리에게 레이키를 선사한 당신을 찬양합니다.

이 신성한 빛을 계속 내려주시는 당신을 찬양합니다.

저의 사후가 첫 번째 디그리, 두 번째 디그리, 세 번째 디그리의

---

[6] There is a separate technique that will empower you to send Reiki attunements from your Sahu once it has been attuned.

레이키에 어튠하기를 요청하오니

모두에게 은총을 베푸소서.

제게 은총을 베푸소서.

    원한다면 당신이 받은 이 새로운 능력을 통해 우주를 바라보는 방법이 영원히 변화될 수 있는 이날을 축하하라.

19
사후를 통한 어튜먼트 보내기와 해제하기

사후를 통해 레이키 어튜먼트를 보내고 해제하는 것은 아마도 이론상 레이키에서 가장 이해하기 복잡한 부분인 동시에 가장 연습하기 쉬운 부분일 것이다. 지금부터 내가 사후를 통한 레이키를 사용하는 방법에 대해 설명하도록 하겠다.

내가 어떻게 사후를 통한 레이키 어튜먼트의 방법을 발견하게 되었는가?

앞서 말한 것처럼 사후는 이집트 형이상학에서 가장 신성한 인간의 측면이다. 이것은 거의 신과 같은 우리의 에너지체이다. 세크메트 여신과 작업을 하는 동안에 나는 다음과 같은 말을 들었다. "만약 내가 나의 사후로부터 입으로, 그리고 땅끝까지 황금빛으로 만들어진다고 상상할 것 같으면, 내가 말하는 모든 것에서 내 사후 에너지를 활성화시킬 것이다."는 말을 들었다. 다시 말해, 나는 헤카우^{Hekau} 또는 마법 같은 힘 있는 단어를 말할 수 있는 수단을 받은 것이다. 나는 가장 신성한 매직 의식^{magical rites}을 할 때만 이 기술을 사용할 것이다.

내가 발견한 재미있는 사실 중 하나는 숨결과 신성한 에너지 사이의 관계이다. 나는 레이키 어튠먼트에서 보라색 숨결을 이용했으며 내 영적 수행에서 그 강력한 에너지를 불러내는 데 내 사후의 황금 숨결을 이용했다. 실험을 좋아하는 사람으로서 나는 내 사후를 레이키에 어튠하면 어떨지, 영적 존재로서 내게 어떤 변화가 발생할지 궁금해졌다. 사실 어튠먼트를 해제할 수 있는 능력을 얻게 되리라고는 생각도 하지 못했다.

사후를 스스로 어튠하는 방법 및 헤카우 기술

나는 내 사후를 대표해 손을 내밀어 정화하고 돌이나 다른 물체에 했던 것처럼 손에 어튠먼트를 함으로써 사후 수준에서 스스로 레이키에 어튠했다. 나는 즉시 내 사후를 세 가지 모든 디그리의 레이키에 어튠했다. 내 생각대로 내 사후는 이러한 변화 이상의 능력이 있었다. 이때 나는 머리가 조금 가벼워진 느낌이 있었다. 그 점을 제외하고는 보통의 레이키 어튠먼트 수준과 비슷했다.

헤카우 기술 실험을 통해 나는 현재 어튠한 사후에게 레이키를 보내거나 자체적으로 사물을 어튠하도록 요청할 수 있다는 사실을 깨달았다. 처음에는 돌을 가지고 실험했다. 먼저 돌을 쥐고 헤카우를 이용해 돌을 레이키에 어튠하도록 내 사후에게 요청했다. 단순히 요청하는 것이 아니라 사후로 의사소통하기 위해 배운 헤카우 기술을 이용해 황금빛이 내 사후에서 입을 통해 땅으로 내려가는 것을 상상해야 했다. 다음은 나에게 가장 효과가 좋았던 문구로 당신에게도 사후와 함께 사용할 것을 권한다.

황금빛의 힘으로

신성한 숨결의 힘으로

저는 이 진리를 표명합니다.

저는 이제 제 사후를 통해 (이름)을

(레이키 단계)의 레이키에 어튠할 것입니다.

이제

시작합니다.

이렇게 말한 후 즉시 숨을 세 번 불며, 내가 방금 말한 황금빛 단어들이 우주로 나가 모든 분야의 곳곳에 작용한다고 상상한다. 이 작업을 하지 않는다면 효과가 나타나지 않는 것 같다. 세 번의 숨결로 이 말을 활성화하고 힘을 부여한다. 숨을 세 번 불어넣지 않은 채 이 말을 하는 것은 초 쿠 레이로 힘을 부여하지 않고 세이 헤 키를 사용하는 것과 같다. 다시 말해 숨을 불어넣지 않으면 아무 일도 발생하지 않는다.

이제 이 기술을 이용하려고 시도하면서 그 효과를 확인해본다. 어튠할 돌이나 다른 사물을 찾아 사후를 통한 레이키 어튠먼트 방법을 이용한다. 이 사물을 어튠하자마자 단순히 다음과 같이 말해 어튠먼트를 해제해본다.

> 황금빛의 힘으로
>
> 신성한 숨결의 힘으로
>
> 저는 이 진리를 표명합니다.
>
> 저는 이제 제 사후를 통해
>
> 방금 (이름)에게 보낸 (레이키 단계) 레이키의 어튠먼트를
>
> 해제할 것입니다.
>
> 이제
>
> 시작합니다.

    숨을 세 번 불어넣어 이 내용을 활성화하고 마무리한다. 이것이 당신의 사후에게 보내는 형이상학적 이메일이라고 생각하고 싶다면, 세 번의 숨결은 이메일을 보내는 버튼을 누르는 것이라 생각하면 된다. 이렇게 하기 전까지는 위에서 한 말이 활성화되지 않는다.

    원한다면 사물을 어튠하고 어튠먼트를 해제하는 이 과정을 여러 번 시도한다. 어튠한 사물을 손에 쥐면 이 사물에서 레이키가 흘러나오는 것을 느낄 수 있다. 놀라운 것은 단순히 당신의 사후에게 요청하는 것만으로 촉감을 통해 돌에서 레이키가 나오다가 갑자기 멈추고 다시 또 나오는 것을 느낄 수 있다는 것이다.

    사물을 어튠하기 위해 사후를 이용하는 것은 전통적인 방식만큼 타당하다. 이 방법으로 어떤 사람을 힐러로서 어튠하고 있지 않다고 하더라도 말이다. 하지만 이 방식을 이용해 힐러가 될 사람을 어튠한다

면 어튠먼트를 해제할 수 있는 부당한 이득을 취하게 될 것이다. 이것은 그 사람에 대해 그 누구도 가져서는 안 되는 힘을 당신에게 부여한다. 이러한 상황에서 사후를 통한 어튠먼트의 타당성을 확인할 수 있는 유일한 방식은 상대가 평생 어튠하고자 하는지 아닌지를 결정하지 못했을 경우이다. 이 경우, 이들을 하루, 일주일, 혹은 한 달 등 일정한 기간에만 어튠한 다음 다시 해제할 것이라고 말해 두는 것이 좋다. 이들은 자신의 신체에서 레이키가 흐르는 것을 느낄 수 있다. 하지만 이들이 전통적으로 어튠하고 적절한 에너지 교환을 이행하기 전까지는 심리적, 영적 수준의 온전한 레이키 경험을 하지 못할 것이다. 상대에게 이러한 사실도 전달해야 할 것이다.

사후를 통한 레이키의 가장 중요한 사용

사후를 통한 레이키의 가장 중요한 사용인 어튠하고 어튠먼트를 해제하는 것은 강도 높은 레이키가 필요한 신체 기관을 직접 힐링하는 것이다. 기침 감기에 걸리면 당신의 폐를 레이키에 어튠하고 회복 속도가 얼마나 빨라지는지를 확인하라. 나는 심지어 몸속에서 질병을 유발하는 바이러스나 박테리아를 어튠하려고 한 적도 있었는데, 이렇게 하면 질병이 빨리 사라진다는 사실을 발견했다. 병원균을 어튠하면 이 것은 당신의 몸 안에서 수백 개의 작은 힐러로 변할 것이다. 이를 두고 바이러스나 박테리아의 자유의지에 반하는 것이라고 반박하는 사람도 있을 것이다. 하지만 내가 자유의지를 존중하는 것만큼, 내 신체는 내

신전이며 나는 그 안에서 벌어지는 일에 대해 최종 결정권을 가지고 있다. 내가 바이러스나 박테리아를 어튠했을 때, 문득 질병의 근원이 될 수 있는 심리적 문제를 깨달은 경우가 많았다. 그러므로 나는 이런 방식을 이용해 질병을 피한 것이 아니다. 다만 치유 과정의 속도를 높이고 레이키가 건강 문제의 근원에 직접 도달할 수 있는 독창적인 수단을 이용하고 있는 것이다.

사후 레이키를 이용할 수 있는 당신만의 힐링을 연구하라. 다행히 현재 아주 건강하다면, 어튠먼트를 과거로 보내보아라. 어튠먼트를 과거로 보낸다 하더라도 기억에 미묘한 변화가 일어나는 등 현재에 어튠먼트를 느끼게 되므로 흥미가 생길 것이다. 내가 레이키를 통해 의식을 변화시킬 수 있다고 한 이유가 여기에 있다. 이때 시간은 보편적인 1차원적 틀을 벗어난다. 내가 현재 어떤 시간대를 느끼고 있는지는 설명할 수 없지만 이전에 이해했던 의미에서의 1차원적인 시간이 아닌 것은 분명하다.

심각한 외상, 다리 부상, 화상, 깊은 상처, 심각한 질병 등을 겪고 있던 시간으로 역행하여 어튠먼트를 보내보아라. 이러한 문제들은 종종 사라진 듯 보이지만 당신이 일단 시간을 역행하여 신체 부위를 어튠하면 이 역행한 시간에 부정적인 에너지가 더 빠르게 당신을 떠나는 느낌을 받을 것이다. 이것은 시간을 역행하여 당신을 열어주어 신성의 사랑과 빛을 더 많이 흡수하도록 해 줄 것이다. 당장은 문제가 해결되었다고 생각하더라도 사후를 통한 레이키를 이용하면 현재에도 변화를 일으킬 수 있다. 치유를 통해 과거에 영향을 미치면 현 시간이 이전보다 더욱 열리게 되는 것 같다. 말로는 이것을 충분히 설명할 수 없다. 이것을 정말로 이해하려면 직접 경험해보고 느껴보아야 한다.

시간과 레이키

시간과 레이키에 관한 의문은 내 경험을 통해 가장 잘 설명할 수 있다. 20년의 시간을 역행해 과거의 나를 일부 어튠하면, 레이키가 현재의 나에게도 흐르는 것을 느끼게 될 것이다. 내가 첫 어튠먼트를 하는 동안 레이키를 해제할 시간을 명시하지만 않는다면 말이다. (이 방법은 추후 설명한다.) 내가 레이키를 5분 후에 해제한다면, 이것은 20년하고 5분 동안 레이키가 나에게 흘렀다는 의미일까? 나는 그렇지 않다고 생각한다. 적어도 내 신체는 그렇게 느끼지 않는다. 내 신체가 말하는 것은 시간을 역행하여 나 자신을 어튠할 때 경험하는 전 시간대의 에너지가 현재로 이동된다는 것이다. 그러므로 내가 5분후에 어튠먼트를 해제한다면, 20년이라는 세월에 5분 동안 레이키가 흘러갔다. 이것을 조절하기 위해 나는 어튠먼트를 보낼 때 이것을 해제하는 날짜 또는 시간을 명시한다. 예를 들면 특정 날짜의 시간에 어튠먼트를 해제할 것을 요청하여 시간을 역행해 폐를 어튠한다. 어떤 경우에는 시간을 역행하여 일 년간 어튠먼트가 지속되기를 요청할 수도 있다. 이제 영원한 시간에서 이 지점들 동안 나를 통해 레이키를 발산하도록 이 시간이 프로그램 되었다. 이것은 내가 전체 어튠먼트를 해제하고 있는 것이 아니기 때문이다. 나는 단순히 이 지점들의 시간에 내 몸에 레이키를 어튠하는 것이다. 나는 현재의 내 몸에 변화를 느끼지만 어튠먼트는 내가 경험하는 시간 이전에 해제되도록 설정되었기 때문에, 나를 통해 현재 어튠한 내 몸 부위에 레이키가 흐르는 것을 느끼지 못한다. 그 느낌에 대해 유추하고 짐작할 뿐이다. 나는 언젠가 과학이 진정으로 이러한 개념을 조사하여 레이키가 시간을 통해 흐르는 방법과 그 효과, 그 외 중요한 많은 문제를 알 수 있게 되기를 바란다.

당신 자신에게 이 과정을 연습해보라. 모든 사람에게 효과가 있는 일반적인 연습은 한 살 때의 당신을 위해 척추를 레이키에 어튠하는 것이다. 이것은 에너지를 이용한 실험일 뿐이며 이 기술의 효과를 확인할 수 있다. 그 당시 당신의 건강 상태는 중요하지 않다. 또한 지압요법을 좋아하는 한 사람으로서 봤을 때, 우리의 척추는 항상 어느 정도 정서적으로 긴장하고 있다. 건강을 위해서라면 이러한 긴장을 풀어주어야 한다. 이를 위해서는 단순히 다음의 챈트를 말한다.

황금빛의 힘으로

신성한 숨결의 힘으로

저는 이 진리를 표명합니다.

저는 이제 제 사후를 통해

제가 태어난 날의 척추를

첫 번째 디그리의 레이키에 어튠할 것입니다.

또한 시간을 역행해 이 어튠먼트를

제 첫 생일에 해제할 것입니다.

이제

시작합니다.

이 어튠먼트를 활성화하기 위해 숨을 세 번 불어 넣는다. 숨을 불어 넣는 즉시 정서가 배출되는 경험을 하게 될 것이다. 나는 이것을 쓰고 있는 동안 이 경험을 하고 이제 에너지가 척추를 맑게 하는 느낌을 받았다. 이것은 마치 긴 터널 같은 빛이 내 척추를 통과하며 나를 열어주는 것과 같다. 하지만 이것은 과거의 작용을 통해 현재에 느끼는 것이다. 예상컨대 이 힐링은 평생 계속될 것이다.

이 힐링은 이렇게 작용한다. 조금 전 당신의 척추는 단 몇 분간의 흡수를 통해 생후 일 년을 위해 어튠했다. 앞으로 일 년간 당신의 척추는 생후 일 년을 위해 어튠할 것이며 그 일 년 동안 흡수할 수 있었던 힐링이 이루어질 것이다. 10년이 지나면, 당신은 그 10년간 힐링을 흡수할 수 있게 될 것이다. 힐링 자체는 이제 당신이 사후가 전체로서 어튠먼트를 해제하도록 말하지 않는 이상 시간이 지나도 그대로 유지된다. 그렇게 할 이유가 전혀 없긴 하지만 당신은 헤카우 기술을 이용해 당신이 방금 내보낸 어튠먼트를 해제할 수도 있다.

이 사후 레이키 방법을 이용함으로써 당신은 실제로 비선형의 방식으로 시간을 느끼고 경험하게 될 것이다. 당신은 시간을 프랙탈 기하학적 fractal geometric 포인트이자 서로 에둘러 짜여 있는 패턴으로 생각하게 될 것이다.

일직선적인 시간은 착각이며, 이 수준의 레이키는 우리가 이 사실을 알고 느끼도록 도와주는 실용적인 힐링 수단이 된다. 이것이 의미하는 것은 무엇일까? 이것은 우리 자신이 더욱 진화하고 5차원적인 경험을 시작할 수 있도록 하는 데 이 수준의 레이키가 도움이 된다는 말이다. 5차원적 공간에서 시간은 비틀거나 뒤집거나 변형, 변화시킬 수 있는 고무와 같은 존재가 된다. 이것은 사물을 개념화하고 인생을 완전히 다른 방식으로 생각할 수 있도록 해준다. 우리 언어가 우리와 더불어 이 새로운 인식의 세계에 들어서기 시작한다면, 이것에 대해 더욱 면밀한 설명을 해줄 수 있게 될 것이다.

이 새로운 인식을 통해 이전에는 절대 꿈도 꾸지 못했던 수준의 영혼 힐링과 신체적 힐링을 경험해 보아라. 이 시점에서 내가 예를 드는 것은 당신이 스스로 상상할 수 있는 능력을 제한할 뿐이다.

이제 자신에게 효과가 있도록 이 기술을 이용하는 것은 당신의 숙제이다. 힐링을 위해 어튠할 수 있는 것은 비단 당신의 몸만이 아니라는 사실 역시 알고 있어야 한다. 만약 당신이 시간을 역행해 일 년 동안 당신의 침대를 어튠한다면 당신은 경이로운 모든 에너지를 흡수하면서 일 년 동안 레이키 침대에서 잠들게 될 것이다. 나는 종종 음식, 옷, 방, 그리고 내가 인생의 특정 기간 동안 접촉했던 여러 물건들을 어튠해 왔다. 이런 종류의 레이키로 당신이 느끼게 되는 변화는 실로 심오하다. 또한 당신이 할 일은 사후가 어튠먼트를 하도록 요청하고 숨을 세 번 불어넣는 것이 전부이다. 당신의 상상력을 마음껏 펼치되, 항상 타인의 자유의지를 존중해야 한다는 점을 명심하라. 허락 없이 다른 사람을 당신의 힐링에 포함시키거나 이들에게 힐링을 해서는 안 된다. 다시 말해 당신이 어린 아이일 때로 돌아가 욕조를 레이키에 어튠하지 마라. 왜냐하면 이것은 당신의 모든 가족에게 영향을 미칠 것이기 때문이다. 하지만 어린 시절에 목욕하던 물을 레이키에 어튠할 수는 있다. "레이키가 내게 어떻게 접촉할 것인가?"라는 질문을 늘 던져라. 또한 "이것 때문에 누군가가 레이키를 흡수하게 되는가?"도 질문해 보아라. 만약 누군가 관련이 된다면 당신은 선의로 어튠먼트를 하는 것에 대한 허락을 얻어야 할 것이다.

20
모든 사물의 레이키

많은 사람이 일반적으로 레이키는 우주생명력이며 사람의 손에서 흘러나온다고 알고 있다. 물론 사실이지만 레이키에 대한 설명은 이것으로는 부족하다. 이러한 정의는 레이키가 단순히 기^{chi} 또는 프라나^{prana}의 다른 이름이거나, 모든 생명체가 발산하여 우리에게 계속 흐르는 생명 에너지의 다른 이름이라고 느끼게 한다. 생명력이 무엇인지 우리가 진정으로 이해하고 있는 것일까? 과학적인 관점에서 조사해 본다면 레이키에 의해 분자 수준에서는 어떤 일이 발생할까? 이것은 울창한 고대 숲이 그 안의 모든 존재를 생명 에너지로 채우는 것과 같은 방식으로 단순히 더 많은 생명 에너지를 불러오는 것인가? 나는 레이키가 그것보다 더 많은 일을 하며 우리가 쉽게 이해할 수 없는 방식으로 작용한다고 믿는다.

실험과 전통

레이키에 대한 전통적인 견해 중에는 꾸며낸 듯한 느낌이 드는 것이 더러 있다. 나는 이러한 정보를 신뢰하지 못하며 내가 내린 견해들은 모두 실험에 근거한 것이다. 이러한 역사의 초점은 종종 진정한 레이키를 조사하는 것보다는 인간을 찬양하는 것에 관한 경우가 더 많아 보인다. 우스이 박사나 그의 뒤를 이은 사람들을 존경하는 것이 중요하다고는 생각하지만 레이키가 할 수 있는 많은 일을 발견하는 것에도 매진해보자. 현재 레이키에 관한 일반적인 관점은 너무 경직되어 있다. 레이키 세계의 사람 중 일부는 내가 레이키를 인간 이외의 존재에게 보내는 이야기를 하면, 마치 이 우주 에너지의 아름다움은 인류만이 가질 수 있는 것이라도 되는 양 매우 불편해한다. 또한 레이키를 실험하고 창의적으로 사용하는 데 찬성하는 레이키 티쳐도 극소수다. 이들의 관점은 종종 상징, 손의 위치, 역사(이 경우에는 신화로 더 알려져 있을 것이다), 개인적으로 레이키를 사용하는 것 등에 한정되어 있다. 우리는 모든 창조물이 가진 가장 아름다운 선물 하나를 손에 쥐고 있으며, 이것으로 우리 모두가 할 수 있는 것은 돈을 버는 방법을 생각하고 몇 가지 힐링을 하는 것이다.

내가 한 실험들은 레이키 티쳐들이 아는 것보다 레이키가 훨씬 더 복합적이라는 사실을 보여준다. 이 실험은 내가 사후를 통한 레이키에 익숙해지기 전에 시작되었다. 많은 레이키 티쳐에게는 사후를 통한 레이키와 어튠먼트 챈트도 분명 새로운 것이겠지만, 레이키에 관한 탐구가 계속되는 한 이것은 빙산의 일각에 불과하다. 내가 실험을 통해 발견한 것은 모든 존재가 특정한 레이키의 흔적, 다시 말해 레이키 시스템 내에서 분명하게 표현될 수 있는 진동이 있다는 것이다. 이것은 모든 존재가 어튠하는 과정 없이 레이키를 흘려보낼 수 있는 능력이 있다는 말은 아니다. 하지만 특정 사물, 존재, 사고, 행동, 그 외 존재하거나 존재했었던 것들의 레이키를 흘려보낼 능력은 있다는 것을 의미한다. 이것은 굉장히 대담한 발언이지만 사실이다.

모든 존재의 신성과 레이키

모든 창조물은 그 안에 신성의 어떤 요소를 가지고 있으며 우리는 모두 어떤 면에서는 신성의 사고를 하고 있다는 신성의 마인드mind에 대해 생각해 보아라. 신성한 에너지는 절대 우리를 버리지 않으며 늘 우리의 일부로 존재한다. 만약 신성이 우리를 떠난다면 우리는 존재하지 못할 것이다. 신성은 죽음을 넘고 시공간의 한계를 넘어 영원하다. 그러므로 존재, 사물, 행동, 사고가 죽는다 하더라도 신성한 불꽃은 계속 살아남는다. 이 글을 쓰고 있는 종이에 담긴 신성한 불꽃은 종이가 썩어 없어지는 수백만 년 후에도 영원히 존재할 것이다. 사람은 독특한 진동을 지닌 이 신성한 불꽃에 어튠할 수 있다. 다시 말해 모든 존재에게 레이키가 존재하며 어튠먼트 과정은 우리가 이 에너지를 향해 열릴 수 있도록 해주는 것이다. 신성은 영원하며 무한하기 때문에, 다른 존재의 레이키에 자신을 어튠한다고 하여 그 존재가 가지고 있는 신성한 불꽃을 가져오는 것은 아니다. 신성한 불꽃은 끝이 없기에 누구도 빼앗을 수 없다.

레드우드의 레이키

이것은 단순히 형이상학적인 이론이 아니다. 나는 1996년, 샌프란시스코 북쪽의 레드우드 숲에서 이 실험을 시작했다. 나는 레드우드 나무의 에너지를 레이키 어튜먼트에 통합시키려 하였다. 나무 옆에 서서 나를 대표하는 손을 정화한 후, 내 손 위에 어튜먼트 과정을 하여 나 자신을 레드우드의 레이키에 어튠했다.

과정은 간단했다. 어튜먼트를 하는 동안 보통 대체 상징을 추가하던 시점에서 나무의 오라를 가져온 것이었다. 나는 나무의 오라에서 에너지를 가져와 그것이 마치 하나의 상징인 것처럼 내 손으로 인도하려고 했다. 내게 벌어진 일은 심오하고 놀라운 것이었다. 나는 마치 레드우드의 일부가 된 듯한 느낌을 받기 시작했다. 레드우드의 레이키가 흐르도록 요청했을 때 내 손에서 흘러나온 에너지는 강하고 아름다웠으며, 전에 이 나무들과 함께 있을 때 느꼈던 사랑의 힘으로 충만해졌다. 어튜먼트는 계속되었고 나는 여전히 마음대로 레드우드의 레이키를 흐르게 할 수 있다. 이것에는 어떠한 상징도 없기 때문에, 나는 단순히 상징처럼 레드우드 나무를 마음속으로 상상하고 초 쿠 레이를 함께 사용하면서 "레드우드의 레이키"를 되뇌었다.

어튜먼트 과정

지금 내가 한 말은 아마도 꽤 파격적이고 믿기 어려울 것이다. 직접 경험해 보기 바란다. 식물이나 나무, 혹은 당신이 찾던 것과 일치하는 기타 사물에 어튠하고 어튠한 식물이나 나무, 사물에게 이 수준에서 당신과 작업하고 싶은지 물어본다.

이제 그 존재 옆에 선다. 한쪽 손 위에 숨을 불어놓고 어튠먼트 과정동안 이 손이 당신을 대표할 것을 요청한다. 손가락 끝은 당신의 머리로, 손바닥은 당신의 복부로 상상할 수 있다. 이제 첫 번째 디그리, 두 번째 디그리 레이키를 위한 어튠먼트 과정을 차례로 한다. 매 어튠먼트마다 당신이 어튠먼트의 일부가 되기를 요청하고 있는 사물의 오라의 에너지를 가져온다. 어튠먼트 과정에서 대체 상징으로 사용할 수 있을 것 같은 사물의 각 오라를 가져오도록 안내한다. 이 과정에서 첫 번째 디그리, 두 번째 디그리 어튠먼트를 완료하고 나면, 심장과 복부 위에 두 손을 합장하고 방금 당신을 어튠한 사물의 레이키가 흐르도록 한다. 사물을 하나의 상징처럼 마음속으로 상상하고 그 이름을 되뇌면서 초 쿠 레이를 함께 사용하면 된다. 손의 진동을 느끼고 이것이 지금까지 배운 전통적인 레이키와 어떻게 다른지 느껴보아라. 당신은 방금 자신을 어튠한 사물이 무엇이든 명확하고 강렬한 레이키 흔적을 느끼게 될 것이다. 이것은 당신을 어튠한 사물의 존재와 그것이 살아서 당신의 손에서 진동한다는 사실을 보여주는 강력한 흔적이다. 예를 들어 내가 장미 수정quartz의 레이키를 흐르게 하면, 장미 수정이 내 손에 있는 듯한 느낌을 받는다. 이런 경험은 아주 믿기 어려운 소리로 들릴지도 모른다. 하지만 이번 장에서 언급된 연습을 할 때에 실제로 당신은 그것을 충분히 이해할 수 있을 것이다.

이것을 경험해보는 훨씬 더 간단한 방법은 당신이 어튠하고자 하는 어떤 것의 레이키에 당신을 어튠하도록 당신의 사후에게 요청하는 것이다. 이것 역시 효과가 있다. 하지만 내가 처음에 이용한 방법을 이해하기 바란다.

자신을 특정 존재나 사물의 레이키에 어튠하는 기술과 사후를 통한 레이키를 통합하면 레이키가 다차원적인 힐링 파워로서 활짝 열릴 수 있다. 나는 이때 다차원적인 힐링 파워의 느낌을 위해 레드우드 레이키를 사용하기를 좋아한다. 또한 레드우드의 레이키를 이용해 힐링을 받는다고 확신한다. 하지만 허브, 크리스털, 돌, 그 외 레이키로 나타날 수 있는 치유력이 있는 에너지에 접근하는 데 이러한 형태의 레이키를 사용할 수 있다면 어떠할까?

몇 가지 실험

여기에 시도해볼 만한 좋은 실험이 있다. 일반적인 강가의 돌이나 단순한 암석을 가져와 이것을 심장 짜끄라 힐링에 사용할 수 있는 장미 수정 에너지에 어튠할 것을 당신의 사후에게 요청한다. 돌을 어튠하고 나면 이것을 당신의 심장 위에 놓고 레이키가 당신을 통해 흐르는 것을 느껴 보아라. 이 레이키와 일반적인 레이키의 차이를 확인한다.

목욕을 하고 있는 동안 물을 붉은 장미꽃의 레이키에 어튠해 보아라. 물 한 잔을 당신이 좋아하는 음식의 레이키에 어튠하고 그것을 마셔 보아라. 당신이 실제로 그 음식을 맛보는 것은 아니지만 물의 진동이 아주 강하게 공명하여 마치 그 음식을 맛보고 있다고 생각할 수 있다.

　이러한 레이키의 사용을 제한하는 것은 오직 당신의 상상력과 자유의지의 존중, 상식이다. 당신 주변의 세상을 이용하여 실험해 보아라. 당신은 모든 것에 존재하는 신성한 불꽃에 접근했음을 깨달을 것이다. 실제로 신성은 모든 곳에 존재하며 다가가기 쉽다. 우리와 이야기하지 않고, 보이지 않는 침묵의 신이라는 개념은 착각이다. 레이키가 당신의 손을 통해 흐를 때, 신성은 이 신성한 불꽃의 형태로 기꺼이 그 모습을 드러낸다.

　어떤 사물에게 당신을 어튠할 것인지 세심하게 결정하여 꼭 실험해 보라. 이것은 모든 종류의 힐링에 사용할 수 있는 강력한 기술이다. 멕시코에 갔을 때 나는 바다에서 수영하다가 등 뒤의 강한 조류로 암석 뒤에 갇히게 되었다. 내가 빠져나올 수 있었던 유일한 방법은 파도를 타고 암석 위로 굴러 떨어지는 것이었다. 바다를 빠져나오는 동안 온몸에 피가 나고 멍이 들었으며 등에는 큰 상처가 났다. 카이로프랙틱 케어는 신체가 스스로 순응하는 방법을 가르쳐주는 것인데, 평소 나는 이의 변형인 네트워크 카이로프랙틱 케어를 몸에 익히고 있었다. 그래서 신체 움직임을 통해 나 자신을 적응시킬 수 있었다. 나는 상체를 돌려 고통을 끝낼 요량이었다. 하지만 근육이 너무 경직되었고 고통이 심해 마음대로 움직여지지 않았다. 극심한 고통이 몇 시간 동안 계속되었다. 그러던 중 과거에 충치를 치료할 때 치과 의사가 내 잇몸을 마비시켰던 약의 레이키로 등 근육을 어튠하도록 내 사후에게 요청해야

겠다는 생각이 들었다. 나의 사후는 등을 어튠했고, 그러자 등의 통증이 갑자기 멈추었다. 나는 몸을 움직여 고통을 유발하던 척추의 불균형을 풀어냄으로써 스스로 몸을 적응시킬 수 있었다. 적응 후, 나는 어튠먼트를 해제했으며 내 근육이 정상으로 돌아오는 것을 느꼈다.

레이키의 의학적 잠재력

미국 의학 협회는 아마도 내가 레이키를 사용해 내 등을 힐링하는 것에 찬성하지 않을 것이다. 굳이 힐링에 관한 것이 아니더라도 레이키를 이용할 기회는 충분히 있다. 하지만 레이키가 분자 수준에서 실제로 어떤 역할을 하는지에 관한 연구를 할 때 얻게 되는 이점을 상상해보라. 에이즈, 암, 그 외 질병을 치료하는 약이 단순히 에너지 수준에서 효과적으로 작용할 수 있다면 얼마나 좋겠는가? 이것은 전 세계 의료에 진정한 혁신이 될 것이다. 레이키는 현재 사람들이 현대 의학으로 포용할 수 없는 부분에 사용할 수 있는 약에 대한 열쇠를 쥐고 있을 수 있다. 결과에 대해 생각하지 않고 혹은 올바른 전문적 교육 없이 레이키를 이용해 보라는 것은 아니다. 나는 당시 너무 고통스러워 치과용 약을 레이키 형태로 내 등에 사용하였다. 내가 전문가라 불릴 만큼 약의 세계를 이해하고 있는 것도 아니고 이 에너지를 마음대로 다룰 수 있는 것도 아니다. 하지만 전문가들이 이 연구에 매진하여 레이키 형태로 효과적으로 작용할 약물을 찾고 인류가 이를 이용할 수 있도록 하면 분명 큰 도움이 될 것이다.

레이키 약물을 다양하게 활용하면 약물 중독 역시 치료할 수 있으리라. 심리적 문제가 해결될 때까지 레이키 형태를 통해 신체적 중독은 낮추고 해결하는 동시에 심리적 중독을 만족시킬 수 있지 않을까? 나는 특정한 약물의 효능 연구에 대한 이해도 없으며 정확한 답을 가지고 있는 것도 아니다. 어떤 약들은 에너지 수준에서는 작용하지 않겠지만, 내가 사후로 접근한 치과용 약은 완전히 실제하는 것처럼 느껴졌다. 이는 분명 연구할 가치가 있다. 그리고 이것이 내가 이 책을 쓴 가장 중요한 이유 중에 하나이다. 독자들도 이 신성한 지식을 알고 이용하기 바란다.

바이러스와 박테리아를 이겨내기 위해 사용하는 약물의 레이키에 바이러스와 박테리아를 실제로 어튠하면 어떻게 될까? 이 문제 역시 검토해 볼 가치가 있지만 내 능력 밖의 일이다. 하지만 이러한 연구를 통해 저렴한 가격에 혹은 전혀 돈을 들이지 않고 힐링을 촉진시킬 방법을 찾을 수 있지 않을까?

그 외 레이키의 잠재력

레이키로 또 어떤 일을 할 수 있을까? 레이키에 어튠한 물이 든 꽃병의 꽃은 꽤 오랫동안 살아있을 것이다. 하지만 이러한 형태의 레이키가 농업에 어떤 영향을 미칠 수 있을까? 농토를 레이키에 어튠하거나 레이키에 어튠한 물을 대지에 대는 것만으로 땅의 생명력을 소생시킬 수 있을까? 질소 에너지가 통합된 레이키에 어튠한 땅은 비료의 역할을 하는가? 이것은 실생활과 동떨어진 공상적인 질문으로 들릴 수도 있지만, 나는 언젠가는 레이키가 우리의 5차원적 인식의 일부로 모든 과학의 일부가 될 것이라 믿는다. 이것은 인간이 더 나은 영적 방향으로 진화하는 것의 일부분이다. 이 영적 방향에 들어선 인간은 삶의 모든 면에서 신성의 에너지를 인식하고 솔직하게 느낄 것이다.

한 번은 내 여자 친구가 세제를 사용하지 않고 세탁할 물을 레이키에 어튠하는 나를 보고, 신성한 에너지를 잘못 사용하고 있다며 비판한 적이 있다. 하지만 나는 해로운 세제를 물에 풀어 사용하지 않음으로써 이 지구를 도울 수 있을 뿐만 아니라 우리 인생의 모든 부분이 그래야 하듯이, 세탁을 또 하나의 신성한 활동으로 승격했다고 생각한다. 이처럼 레이키의 활용에는 끝이 없다. 레이키가 일반화되면 인간의 마음과 세상은 사이킥적 전화상담이나 타로 덱으로 가득 찬 세상보다 훨씬 더 진화한 새 시대를 맞이하게 될 것이다. 신성한 불빛으로 가득 찬 지구는 한 걸음 더 진화할 잠재력이 있으며 레이키를 통해 이를 현실에서 이룰 수 있다.

이처럼 레이키 에너지들은 각각 다르게 상호작용한다. 레이키에 어튠한 두 개의 돌을 당신의 등에 올려놓으면 이를 느낄 수 있을 것이다. 하지만 이 경우, 돌 한 개는 음의 레이키에, 다른 한 개는 양의 레이키에 어튠해야 한다. 모든 것에는 독특하게도 레이키에 연결하는 신성한 불꽃이 있음을 기억하라. 음과 양의 개념은 이 개념을 깨워 그 진동을 전달할 수 있는 레이키의 한 요소에 불과하다. 음은 수용적이고 여성적이다. 양은 공격적이고 남성적이다. 각 레이키가 다른 레이키에 흘러 균형을 유지한다. 두 개의 돌이 당신의 척추를 통해 레이키를 흘려보낼 때 이것을 느껴보아라. 나는 보통 양의 레이키 돌을 척추 상단에, 음의 레이키를 척추 하단에 놓는다. 왜냐하면 전통적으로 양이 하늘과 같고 음은 땅과 같기 때문이다. 이는 당신의 척추에 경이로운 진동을 가져다줄 것이다. 그리고 일반적인 레이키에 어튠한 두 돌이 줄 수 없는 일종의 조화로움과 웰빙을 느낄 수 있다.

이제 이 두 돌을 양손에 하나씩 들어보자. 음의 레이키 돌을 오른손에 놓아 남성적인 신체 반쪽과 균형을 맞추고, 양의 레이키 돌은 왼손에 놓아 여성적인 반쪽과 균형을 맞춘다. (신체 오른쪽을 관장하는 좌뇌는 주로 이성적인 기능을 하여 일반적으로 남성적인 양의 에너지와 관련이 있는 반면, 신체 왼쪽을 관장하는 우뇌는 좀 더 정서적이고 예술적인 기능을 담당하여 일반적으로 여성적인 음의 에너지와 관련이 있다.) 각각의 경우에 레이키는 그것의 반대 방향으로 흐른다. 다시 말해, 이 에너지들을 개념화할 때와 같은 방식의 레이키 형태로 이 에너지들이 작용하는 것이다. 이들 에너지 간에는 어떤 역동성, 즉 레이키의 힐링 양상에 있어 완전히 새로운 변수를 만들어내는 상호작용이 존재한다.

이러한 단순한 방법이 증명하는 바와 같이 역동적인 레이키의 힘이 존재한다고 가정할 때, 이것을 깨워 물리학 및 공학 분야에 사용하는 방법은 없을까? 역동적인 레이키의 힘을 이용해 돌들에 불과하지만 특정한 방법으로 이 신성한 에너지를 발산하도록 프로그램 된 에너지 배터리를 만들 수 있을까? 만약 그렇다면, 이 배터리는 무한한 에너지 공급원이 될 것이다. 이 말이 공상 과학처럼 들릴지 모르지만, 이 책의 후반부에서는 레이키 코드를 레이키 배터리에 연결하여 시공간을 초월해 이 코드가 작용하는 방법을 설명할 것이다. 이를 통해 작은 레이키 레이저 빔과 같이 레이키 배터리를 통해 코드에 레이키 에너지가 계속 흐를 수 있다. 그런 다음 어느 단계가 되면, 레이키 배터리라는 개념이 효과를 나타내게 될 것이다. 문제는 엔진이나 불빛, 전구에 전원을 공급할 수 있는 무언가로 레이키 배터리를 만들 수 있는가? 하는 것이다. 이런 능력을 알아낸다면, 전 세계는 완전히 변하게 될 것이다.

21
레이키 코드 Cords

이제 사후 레이키를 능숙하게 사용할 만큼 충분히 연습했는가? 우리를 통하거나 우리 주변으로 흐르는 에너지와 시공간에 대한 당신의 인식은 이 책을 접하기 전과 꽤 많이 달라졌을 것이다. 사람들은 대부분 레이키가 인간의 손에서만 흘러나오며 레이키 티쳐가 직접 어튠했을 때에만 가능한 것으로 생각한다. 당신은 이미 챈트를 통해 어튠할 기회가 있었으며 대체 상징도 알게 되었고 당신의 사후를 통해 레이키 어튠먼트를 보내고 해제하는 방법도 배웠다. 또한 나무나 돌, 개념의 레이키를 흘려보낼 수 있는 능력도 활용할 수 있게 되었다. 하지만 내가 레이키를 사용하는 데 있어 가장 중요하게 생각한 부분은 시공간 매트릭스의 어느 두 지점을 연속적으로 잇는 레이키 코드를 만들 수 있다는 것이다.

레이키 보내기와 레이키 코드 사용하기

혹자는 레이키를 보내는 것은 시공간 매트릭스의 두 지점 간에 코드를 잇는 것이라고 말할지도 모른다. 하지만 이것은 사실이 아니다. 레이키를 보낼 때 혼 샤 제 쇼 넨 상징은 레이키를 원하는 장소로 전달하는 입구 혹은 매개체 역할을 한다. 이 경우 레이키는 A에서 B까지 일직선으로 흐르는 것이 아니다. 다시 말해 당신이 전통적인 방법을 이용해 같은 방에 있는 친구에게 레이키를 보낸다면, 당신과 친구 간에 레이키 통로는 만들어지지 않는다. 레이키는 당신의 손을 떠나 갑자기 목적지에 나타난다. 레이키는 사실 시공간을 통과하는 것이 아니며 단순히 희망하는 공간에 스스로를 드러내기 시작한다. 당신과 당신이 레이키를 보내고 있는 친구 사이를 어떤 사람이 걸어간다면, 이 사람은 레이키가 흐르는 길에 있는 것이 아니다. 레이키를 같은 방에서 주고받기 때문에, 이 사람이 전반적인 방의 에너지가 변화했음을 느낄 수도 있지만 레이키 흐름이 직접 이 사람을 통과해 당신의 친구에게로 도달하는 느낌은 아닐 것이다. 하지만 레이키 코드를 연결하면 레이키가 마치 레이저 빔처럼 두 지점 사이를 흐르고, 이 두 지점 사이에 있는 사람이나 사물이 레이키와 직접 접촉하게 된다. 이제 레이키 코드를 연결하는 방법을 짧게 설명하도록 하겠다.

레이키 코드를 이용한 힐링의 이점

레이키 코드를 이용한 힐링에는 몇 가지 이점이 있다. 먼저 질병이 있는 신체 부위에 레이키 코드를 연결하면 더 큰 힐링 잠재력을 가져올 수 있다. 수백 개의 코드가 이 질병 부위 주변의 여러 지점으로 퍼질 수 있기 때문이다. 예를 들어 나는 잦은 귀앓이로 고생해왔다. 어렸을 때 입은 상처 때문에 목욕을 하거나 수영을 할 때 귀에 물이 들어가면 잘 빠지지 않는데, 수영이나 목욕을 너무 좋아해서 항상 문제였다. 물이 귀에 계속 남아 귀가 감염되기 일쑤였다. 하지만 레이키 코드를 이용하는 방법을 발견한 후부터는 귀에 있는 모든 세포와 내이, 귀 주변의 뼈들에 전부 레이키 코드를 이을 수 있다는 사실을 깨달았다. 이제 나는 귀앓이가 시작된다 싶으면, 외이도의 모든 세포를 어튠하고 외이도의 모든 세포에 레이키 코드를 보내도록 내 사후에게 요청하여 코드를 충분히 유지한다. 레이키 코드를 턱에서 귀를 통과해 두개골이 있는 곳까지 이어 이 힐링을 확장할 수 있다. 이렇게 되면 감염이 꽤 심각할 수 있는 고막과 내이 근처 귀에 레이키 코드가 이어질 수 있다. 레이키 코드는 미니 레이저와 비슷하기 때문에, 레이키가 평상시보다 더 강하게 흐른다. 귀 주변에 원하는 만큼 많은 코드(일부는 작고 일부는 크며 각도도 다양하다)를 연결할 수 있음을 감안할 때, 코드를 해제할 때까지 끊임없이 레이키를 흘려보내는 확장된 레이키의 전체 연결망을 만들 수 있다. 따라서 잠들기 전에 약을 복용하는 대신 귀 주변에 레이키 코드를 만들 수 있다. 다음날 아침, 잠에서 깨어나면 8시간 동안 당신을 통해 흐른 레이키로 감염이 완화되었음을 느낄 것이다.

이러한 용도로 레이키 코드를 이용하면 암이나 특정 신체 부위에 있는 질병을 힐링하는 데 특히 유용하다. 이 부위를 확인하고 나면 질병을 힐링하기 위해 즉시 레이키 코드를 만들어 낼 수 있다.

레이키 코드 만드는 방법

레이키 코드 만드는 방법을 익히기 위해, 돌을 가지고 연습을 시작해보자. 한 곳에서 다른 곳으로 레이키가 흐르는 것을 확실히 느낄 수 있을 만큼 큰 것이 돌이기 때문에 돌을 권장한다. 또한 돌은 신체나 손, 그 외 다른 곳에 두거나 옮길 수 있다. 당신은 돌 사이에 코드가 연결된 느낌을 받을 것이다. 돌을 이동시키면 레이키 코드도 움직인다는 것을 알게 될 것이다.

돌에 코드 만들기

돌 두 개를 모두 들고 다음과 같이 말한다.

황금빛의 힘으로

신성한 숨결의 힘으로

저는 이 진리를 표명합니다

저는 이제 제 사후를 통해 이 돌들을

첫 번째 디그리, 두 번째 디그리의 레이키 배터리로서 어튠할 것입니다

돌들 사이에 첫 번째 디그리, 두 번째 디그리의

레이키 코드를 만듭니다

이제

시작합니다

숨을 세 번 불어 넣어 이 진술을 활성화한다. 이렇게 한 번 하고 나면 두 돌 사이에 레이키 코드가 생성될 것이다. 당신은 두 돌 사이에 손을 놓고 레이키가 흐르는 것을 느낄 수 있다. 돌 한 개는 방 한쪽 끝에, 다른 하나는 다른 쪽 끝에 둔 다음 그 사이에 손을 두어라. 여전히 코드가 느껴져야 한다. 두 돌 사이에 책을 놓아보아라. 손을 책 한쪽에서 다른 쪽으로 움직여 보아라. 에너지 코드가 책에 바로 흐르는 것을 느낄 수 있다.

일전에 샌프란시스코에서 뉴욕으로 향하는 비행기에 탑승한 적이 있었는데, 실험을 위해 집에 있는 냉장고에서 내 비행기 좌석 앞 테이블에 놓여 있는 음료수 캔까지 레이키 코드를 연결해보았다. 이것은 미국의 절반을 가로지르는 것이었는데, 나는 레이키 코드가 나를 통과해 집에 있는 냉장고까지 연결되는 느낌을 받았다.

돌을 어튠하고 돌들 사이에 레이키 코드를 연결할 때 "레이키 배터리"라는 용어를 사용하는 이유가 궁금할지도 모르겠다. 내가 처음 이 방법을 발견했을 때, 코드는 매우 빠르게 약해졌다. 개념과 단어에는 레이키 흐름에 어튠할 수 있는 신성의 불꽃이 있기 때문에, 레이키 배터리라는 아이디어나 개념이 이 코드를 유지해 줄 수 있으리라 생각되었다. 결과는 성공이었다.

신체에 코드 만들기

돌을 이용해 레이키 코드를 만들어 보았다면, 자신의 신체에 레이키 코드를 잇는 방법을 시도해 보아라. 치료해야 할 질병이 없다면 척추에 사용해보기를 권장한다. 척추의 긴장을 풀어주면 활력이 살아나고 정서적으로 균형을 이루는 데 도움이 된다. 척추에 코드를 연결하려면 다음과 같이 말한다.

황금빛의 힘으로

신성한 숨결의 힘으로

저는 이 진리를 표명합니다

저는 이제 제 사후를 통해 제 C-1 척추와 미골을

첫 번째 디그리, 두 번째 디그리의 레이키 배터리로서 어튠할 것입니다

C-1 척추와 미골 사이에 첫 번째, 두 번째 디그리의

레이키 코드를 만듭니다

이제

시작합니다

숨을 세 번 불어넣는 것을 잊지 마라. 에너지 코드가 척추를 통해 연결되는 것을 느껴보아라. 당신은 침대 위에서 팔다리를 뻗어 이 강렬한 힐링에 푹 빠져보고 싶을 것이다. 준비가 되면 다음 챈트를 말해 어튠먼트를 해제한다.

황금빛의 힘으로

신성한 숨결의 힘으로

저는 이 진리를 표명합니다

저는 이제 제 사후를 통해

첫 번째 디그리, 두 번째 디그리의 레이키 배터리로서의

제 C-1 척추와 미골의 어튠먼트를 해제합니다

또한 C-1 척추와 미골 사이에 있는 레이키 코드를 해제합니다

이제

시작합니다

숨을 세 번 불어넣고, 척추의 에너지가 다시 정상으로 돌아오는 것을 느껴보아라.

나는 울혈이 생겼을 때 흉곽을 통해 레이키 코드를 연결한다. 이 코드는 폐에 흘러 강력한 레이키가 폐에 질병이 사라지도록 해 준다. 한 시간도 채 안 되어 울혈이 사라진 적도 있다.

레이키 코드로 타인 힐링하기

다른 사람의 힐링에 레이키 코드를 이용할 때에는 먼저 허락을 구해야 한다. 당신이 하려는 일을 항상 충분히 설명할 수는 없겠지만, 신체의 특정 지점 간에 에너지가 흐를 것이라는 사실과 대부분의 레이키 힐링보다는 더 강렬할 것이라는 사실을 반드시 상대에게 이해시켜야

한다. 힐링이 너무 강하거나 불편하면 언제라도 힐링을 멈출 수 있음을 상대에게 알려주어라.

레이키 배터리로서 손과 사물 어튠하기

손을 레이키 배터리로서 어튠할 수 있다. 이 경우 손 사이에 레이저와 비슷한 레이키가 흐르게 할 수 있다. 하지만 강렬한 에너지 작용에 익숙한 사람에게만 사용해야 한다. 내 몸에도 이 방법을 여러 번 사용했다. 이 경우 내 손을 상대의 머리, 상체, 다리, 혹은 내가 힐링하고자 하는 곳의 끝에 놓아, 두 손 사이에 레이키가 강렬하게 흘러 강력한 힐링이 필요한 부위에 작용하도록 하였다. 힐링하고자 하는 상대의 한쪽에 무언가가 있어 손이 닿지 않는 경우에는, 방을 둘러본 후 내 바로 맞은편에 있는 사물을 어튠하여 또 다른 레이키 배터리가 될 수 있도록 하였다. 예를 들면, 상대의 심장에 강한 레이키를 보낼 때에는 이 심장 바로 아래에 있는 마사지 테이블이 레이키 배터리가 될 수 있도록 어튠했다. 이 마사지 테이블은 상대의 심장을 통과해 내 손으로 이어지는 레이키 코드를 연결하는 역할을 한다. 이렇게 할 때는 레이키가 나를 통해 흐르는 느낌은 받지 못한다. 이것은 마치 에너지가 두 지점 사이에서 갑자기 에너지 자체로 존재하는 것 같다. 또한 내 손이 이 상황의 일부가 된다 하더라도, 나는 레이키가 나를 통해 흐르는 듯한 느낌을 받지 못했다. 이 레이키 코드는 단순히 레이키 배터리라 이름 붙여진 두 지점 사이에 존재한다.

시간을 초월해 코드 연결하기

　레이키 코드를 이용하는 또 다른 방법은 레이키 배터리가 다른 시간대에 존재하도록 조절하는 것이다. 이러한 힐링은 나 자신에게만 사용해 왔으며, 다른 사람의 손 힐링에는 한 번도 사용하지 않았다. 하지만 시간을 초월해 코드를 연결하는 것은 효과가 있으며, 의식을 확장시키는 경험이 될 수 있다. 사실 이것을 너무 과도하게 사용할 수 있으므로, 당신이 다룰 수 없다고 생각하는 사물에는 이 방법을 사용하지 말아야 한다. 하지만 현명하게만 사용한다면 이 방법은 매우 효과적인 힐링이 될 수 있다.

　당신 자신에게 시간을 초월해 레이키 코드를 연결하려면, 먼저 자신의 신체에 연습해볼 것을 제안한다. 간단한 연습을 해보라. 이것은 이 레이키 코드가 당신이 태어난 날부터 현재까지 흐르고 있는 것과 같이, 원 러브 레이키의 레이키 코드를 당신의 심장에 연결한다. 이것은 당신이 태어난 날에 당신의 심장을 원 러브 레이키에 어튠하고 현재에 이것을 해제하는 것과는 다르다. 레이키 코드는 더욱 직접적이고 더욱 강력하며, 두 지점 간의 사이킥 리딩과 같은 자각의 흔적이 코드와 함께 운반된다. 이것을 나 자신에게 하면, 내가 태어난 날의 자신에 대한 갑작스럽고 매우 분명한 인식이 돌아온다. 당신이 이것을 경험할 수도, 하지 못할 수도 있지만 그 가능성에는 대비하도록 하라. 코드를 만들려면 단순히 다음을 반복하기만 하면 된다.

황금빛의 힘으로

신성한 숨결의 힘으로

저는 이 진리를 표명합니다

저는 이제 제 사후를 통해 제가 태어난 날로 시간을 역행해

첫 번째 디그리, 두 번째 디그리의 레이키 배터리로서

제 심장을 어튠할 것입니다

또한 첫 번째 디그리, 두 번째 디그리의 레이키 배터리로서

현재의 제 심장을 어튠할 것입니다

그 사이에서 첫 번째 디그리, 두 번째 디그리의 원 러브의

레이키 코드가 흐릅니다

이제

시작합니다

숨을 세 번 불어넣어 이 진술을 활성화한다. 조용한 곳으로 가서 이 힐링을 즐길 수 있도록 한다. 아마도 잠자기 바로 전이나 목욕을 하는 동안 이 힐링을 하면 좋을 것이다. 이 사랑의 에너지가 시간을 초월하고 당신의 심장을 통과해 급격히 확대되는 것을 느껴보아라. 이렇게 하면서 자신에 대해 어떤 느낌이 드는지 관심을 기울여라. 이 힐링을 하는 동안 당신의 의식에는 어떤 변화가 일어나는가? 준비가 되면 다음과 같이 말해 코드를 해제한다.

황금빛의 힘으로

신성한 숨결의 힘으로

저는 이 진리를 표명합니다

저는 이제 제 사후를 통해 제가 태어난 날과 현재의

첫 번째 디그리, 두 번째 디그리의 레이키 배터리로서의

제 심장의 어튠먼트를 해제할 것입니다

또한 이 두 지점 간에 흐르는 레이키 코드를 해제할 것입니다

이제

시작합니다

숨을 세 번 불어넣어 이 진술을 활성화한다. 그런 다음 신체의 에너지가 어떻게 정상으로 돌아오는지를 확인해 보아라. 하지만 당신은 신체의 세포 수준의 메모리[7]cellular memory에 있는 이 경험의 특징이나 흔적을 느낄 수도 있다.

이 메모리는 매우 빠르게 희미해지겠지만, 당신이 방금 겪은 다차원적인 경험에 대한 신체적 신호로서 관심을 갖고 인지하는 것은 즐거운 일이 될 것이다.

---

7 세포 수준의 메모리 – 장기이식 수혜자들에게 나타나는 증상으로 기증자의 성격과 습관까지 함께 전이되는 기이한 현상을 말한다.

레이키 코드의 일반적인 사용

레이키 코드를 일반적으로 사용할 때에는 그저 레이키 배터리가 될 지점들을 확인한다. 그리고 당신의 사후에게 이 지점들을 레이키 배터리로서 어튠하여 이 지점 사이에 레이키 코드가 흐르기를 요청한다. 이러한 어튠먼트를 해제하려면 당신의 사후에게 레이키 배터리의 어튠먼트를 해제하고 레이키 코드를 해제할 것을 요청하라. 자신의 힐링 경로에 이것을 실험해 보아라. 나는 질병에 코드를 연결시키면 매우 효과적인 힐링 수단이 될 수 있다는 것을 알았다. 이 코드들은 시간을 초월하거나 단순히 물리적으로 현재의 질병을 통과해 연결될 수 있다. 어떤 경우에도 레이키 코드를 원하는 대상을 확인하고 이 주변을 레이키 배터리로 어튠하여 그 사이에 레이키 코드를 연결하면 된다. 이만큼 쉬운 것도 없다. 어튠먼트와 코드를 해제할 준비가 되면 당신의 사후에게 어튠먼트와 코드를 해제하라고 요청할 수 있다. 이 힐링의 강도는 많은 사람이 겪어본 것보다 훨씬 강할 것이며 심지어 에너지 작용에 꽤 익숙한 사람에게도 벅찰 수 있으니, 이 작업을 하는 동안 지혜롭게 사용하도록 하라.

22
레이키 크리스털

어떤 레이키 티쳐들은 크리스털이 하고 있는 일을 레이키와 통합시키는 연구를 해왔다. 레이키에 충전된 크리스털에는 격자grid가 형성되는데, 이 격자는 레이키를 증폭시키고 힐링 작업 또는 나타나게 하는 manifesting 작업을 돕는 데 사용된다. 다이앤 스타인은 자신의 우수한 저서인 《이센셜 레이키》에서 이에 대해 언급했으며 다른 레이키 티쳐들도 이 개념에 친숙하다. 스타인의 가르침을 통해 배울 수 있는 내용을 내가 반복하고 싶지는 않으며 나 역시 레이키 크리스털에 대한 나만의 독자적인 생각이 있으므로, 이 책에서는 레이키 크리스털 그리드에 대해서는 살펴보지 않을 것이다. 하지만 당신이 스타인의 책을 읽고 그녀가 레이키 크리스털 그리드에 대해 말한 내용과 그 외 흥미로운 레이키의 특성에 대해 알아두기를 바란다.

크리스털이 하고 있는 일과 어튠한 크리스털 통합하기

나의 흥미를 끈 것은 크리스털이 하고 있는 일과 어튠한 크리스털을 통합하여 이것이 인생의 특정한 문제에 레이키를 보내도록 하는 것이다. 이 책의 상당 부분이 그렇듯이 많은 사람이 이것은 불가능하다고 말할 것이다. 하지만 양초가 레이키를 보낼 수 있게 만든 것처럼 크리스털도 그렇게 할 수 있다. 이 장을 사후 레이키에 관한 내용 다음에 넣은 이유는 사후라는 힘 있는 말을 사용해 크리스털과 접촉할 수 있으며 말 그대로 레이키를 보낼 사물을 크리스털에게 말할 수 있기 때문이다.

크리스털 프로그래밍

이 개념으로 작업하려면, 먼저 크리스털을 프로그램하는 방법에 대해 알아야 한다. 위카^{Wicca}[8]의 학생 대부분, 그리고 아마도 다른 영적 매직의 길들^{magical spiritual paths}은 이미 그 작용 방법에 대해 알고 있을지도 모른다. 먼저 크리스털에 들어 있을지도 모르는 이전의 의도를 깨끗이 해야 한다. 크리스털을 정화하기 위해 크리스털을 바다 소금에 24시간 동안 담근 후 약 30초 동안 흐르는 물에 두거나 세이지 식물을 태운 연기에 그을린다. 두 방법 모두 효과가 있다. 크리스털을 정화하고 나면 이제 특정한 의도, 즉 힐링, 풍요, 어튠먼트 등을 위해 크리스털을 프로그램 할 수 있다. 또한 이 경우, 리시버가 크리스털을 착용하거나,

---

[8] 위카 – 자연종교로 그 신앙과 의식은 고대의 풍습에서 유래한다. 일종의 종교라기보다는 단지 자연이나 자연 현상에 대한 영적인 생각의 원칙을 공유하는 사람들로 보는 것이 더 올바를 것이다.

신성한 제단에 크리스털을 놓을 수 있다.

크리스털은 에너지를 발산한다. 이 개념은 쿼츠 크리스털로 작동하는 시계를 만드는 사람들에게는 꽤 익숙한 것이다. 쿼츠 크리스털은 내가 자주 이용하는 것이며 권장하는 것이다. 크리스털을 마법적으로 프로그래밍 하면, 앞서 언급한 것처럼 특별한 일을 하도록 에너지를 집중시킬 수 있다. 레이키의 경우, 어튠한 크리스털이 특정 사람, 문제, 상황을 향해 레이키를 보낼 수 있도록 프로그램 할 수 있다.

레이키를 보낼 목적으로 크리스털을 프로그램하기 위해서는 19장에서 설명한 바와 같이 먼저 사후에게 요청하여 크리스털을 첫 번째 디그리, 두 번째 디그리 레이키에 모두 어튠해야 한다. 그런 다음 위에서 설명한 방법의 하나를 이용해 크리스털을 정화한다. 크리스털이 정화되면, 이것을 당신의 힘의 중심인 배꼽 바로 위에 놓고 잡는다. 크리스털이 친근하고 작은 레이키 힐러라고 상상하라. 이것은 정확한 생각이다. (크리스털은 친구와 마찬가지이기 때문에, 당신은 크리스털에 귀를 기울이고 크리스털에게 당신과 대화할 때 불러줬으면 하는 이름이 있는지 물어보아야 한다.) 그 후, 당신의 의도를 큰 소리로 크리스털에게 말한다. 예를 들면 다음과 같이 말한다.

이제 제가 요청하는 모든 것에 언제라도 레이키를 보내도록 이 크리스털을 프로그램 합니다.

그런 다음 크리스털에 숨을 불어넣어 당신의 의도를 봉인한다.

당신이 매직의 목적을 가지고 프로그램 하는 크리스털은 대부분 계속 재충전되어야 하는 반면, 레이키 크리스털은 그럴 필요가 없다는 사실을 발견할 것이다. 이것은 아마도 레이키 크리스털이 실제로 레이키 흐름을 안내하는 역할만 하기 때문일 것이다. 레이키 크리스털에서 레이키가 나오는 것은 아니므로 레이키를 사용한다고 하여 크리스털 자체의 에너지원이 빠져나가거나 사라지지는 않는다. (인간은 너무 많은 레이키를 흘려보내면 고갈될 수 있다. 하지만 이것은 실질적인 에너지 소모라기보다는 신체적, 심리적 억제 때문인 경우가 더 많다. 때로 너무 깊은 곳까지 에너지가 너무 많이 흘러 우리를 압도할 수 있다. 이것은 분명 크리스털에는 해당되지 않는 사례이다.) 나에게는 지난 3년간 내가 요청하는 모든 것에 레이키를 보내온 크리스털이 하나 있다. 나는 이것을 한 번도 재충전하거나 다시 프로그램 할 필요가 없었다.

프로그램 된 크리스털로 레이키 보내기

레이키 크리스털을 프로그램 했다면, 이것을 언제 어디서라도 당신에게 레이키를 보낼 수 있는 친구로 생각하라. 내 크리스털은 샌프란시스코에 보관되어 있으며 나는 실제 거의 일 년 동안 이 크리스털을 보지 못했다. 하지만 내 사후를 통해 에너지 코드(레이키가 아님)를 보냄으로써 크리스털에게 레이키를 보내라고 요청할 수 있다. 이것을 하려면 다음과 같이 말한다.

황금빛의 힘으로

신성한 숨결의 힘으로

저는 이 진리를 표명합니다

저는 이제 제 사후를 통해 (크리스털 이름)에게 코드를 보내고

이것이 (기간) 동안

(사람이나 상황의 이름)에게

레이키를 보내도록 요청할 것입니다

이제

시작합니다

그런 다음 숨을 세 번 불어넣어 이 진술을 활성화한다. 레이키를 보내준 것에 대해 추후 크리스털에게 감사를 전하는 것을 잊지 마라. 이것 역시 사후를 통해 할 수 있다.

당신 자신에게 이 방법을 시도해 보아라.

레이키 크리스털의 사용

레이키 크리스털을 사용하는 방법은 내가 좋아하는 것 중에 하나이다. 나는 종종 막 잠들려고 할 때 크리스털로부터 레이키 힐링을 받는다. 이것은 경이로운 느낌이며 내가 잠든 사이에도 끝나지 않기 때문에 개운하게 일어날 수 있다. 내가 크리스털에게 요청해 놓은 시간까지 힐링은 계속되었다.

심지어 세 번째 디그리 레이키에도 크리스털을 어튠하여 당신을 위해 어떤 사물을 어튠할 것을 크리스털에게 요청할 수 있다. 이 방법을 당신 자신에게 시도해 보아라. 크리스털을 세 번째 디그리 레이키에 어튠하고 돌이나 다른 사물을 레이키에 어튠할 것을 요청하면 된다. 보내려는 어튠먼트 단계를 확실히 말하고 대체 상징을 포함할지 명확히 해야 한다. 당신이 말한 그대로 모든 요청이 이루어지므로 당신의 요청을 분명히 밝히도록 한다.

크리스털을 간단하게 사용할 수도 있다. 레이키를 흘려보내기 위해 레이키에 어튠한 크리스털을 프로그램 한 다음, 힐링하는 동안 이것을 신체 위에 올려놓는다. 크리스털은 레이키의 힐링력을 발산하는 여분의 손 역할을 할 것이다.

내가 사용해 본 결과 안정되지 않아 사용하지 않는 방법이 있는데, 레이키에 어튠한 크리스털을 착용하는 것이다. 레이키 에너지가 지속적으로 흐르면 당신은 안정되지 않을 수 있다. 그래도 이 방법을 사용하기로 결정했다면, 중장비를 사용하거나 자동차를 운전하지 마라. 에너지를 실험하고 끝까지 밀어붙이길 좋아하는 사람들은 이 충고를 반드시 받아들여라. 이 경우에는 그럴 가치가 없다.

자신 스스로가 레이키를 보내는 대신 크리스털을 이용하는 최고의 이점은 레이키를 보내기 어렵거나 곤란할 때 크리스털을 이용할 수 있다는 것이다. 직장에서 회의 중일 때에는 힐링을 보내기에 적합하지 않을 것이다. 하지만 당신이 온전히 집중해야 하는 회의에서 즉각적인 해결이 필요한 부정적인 에너지를 갑자기 발견한다면, 조용히 당신의 레이키 크리스털과 접촉해 힐링을 요구하도록 당신의 사후에게 요청할 수 있다. 이 힐링은 보통 세 번 숨을 불어넣어 요청을 활성화하고 나면 몇 초 이내에 시작될 것이다. 세 번의 숨결을 매우 약하게 불어넣어 어떤 사람도 눈치 채지 못하게 할 수 있다. 이것은 레이키 크리스털을 유용하게 사용할 수 있는 한 가지 예에 불과하다. 당신은 당신만의 크리스털을 사용하면서 더 많은 이점을 발견할 수 있으리라 확신한다.

23
레이키 다이내믹

나는 물리학이나 과학에 대해 아는 바가 거의 없다. 나는 시인이며 레이키 티쳐이지 핵 기술자나 물리학자가 아니다. 내가 레이키 다이내믹에 대해 말하고자 하는 내용의 상당 부분이 실험과 직관에 기초한 것이다. 이것은 공상 과학처럼 들릴 수도 있지만, 사실에 입각한 것이다. 나는 과학적 세계의 문을 열고 심지어 레이키 유토피아 세계의 그 무엇을 나타낼 수 있는 것들을 알고 있다. 내가 할 수 있는 일은 내가 경험한 것을 이야기하고 이 실험을 하는 동안 내가 상상했던 것들에 통찰력을 부여하여, 나보다 더욱 전문적인 사람들이 나아갈 방향을 제시하는 것이다.

레이키 에너지의 상호작용

레이키 다이내믹에 대해 말할 때 나는 다른 레이키 에너지들이 서로 상호작용하는 것과, 때로 이러한 상호작용을 통해 각 레이키 에너지를 합한 것보다 더 많은 에너지의 힘이 창출되는 과정에 대해 종종 언급한다. 이것은 음의 레이키와 양의 레이키를 신체의 각기 다른 끝에서 척추로 흘려보낼 때 가장 잘 느낄 수 있다. 이러한 현상이 발생하면 음과 양은 더는 음도 양도 아닌 하나의 균형 잡힌 힘으로 통합되는 것 같다. 이것을 과학적 영역에 어떻게 활용할 수 있을지는 내가 아닌 과학이 풀어야 할 문제이다.

레이키의 과학적 가능성

내 실험을 토대로 발견한 흥미로운 점은 무한정한 에너지장을 만들 수 있다는 가능성이다. 어떤 종류의 레이키를 사용했든 변인들(variables)을 바꿈으로써 변화될 수 있다. 이것은 양자 물리학 단계에서 연구해 보아야 한다. 나는 목욕하면서 여러 번 물의 각 분자에 있는 각 원자에 서로 레이키 코드를 잇기 위해 전자와 양자를 어튠했다. 이때 이상야릇한 느낌은 들었지만 특별한 힐링 효과는 없었다. 하지만 아원자 수준에서 신성한 불빛이 복잡하게 얽힌 어떤 것 안에서 목욕하는 것은 재미있는 일이다. 하지만 이 에너지 기술이 우주가 작용하는 방법을 이해하는 데 어떤 도움을 줄 수 있을까?

레이키와 레이키 코드를 측정할 수 있다면 레이키에 어튠한 아원자 분자의 활동을 추적하고 그 행동을 분석하는 데 도움이 될 것이다. 레이키 코드는 시간을 초월해 보내질 수 있고, 이것은 물리학 연구에 흥미로운 요소를 추가시킬 것이다. 한 원소의 원자가 한 종류의 레이키에 어튠하고 다른 원소의 원자는 다른 레이키에 어튠한다면 분자적 차원에서 어떤 일이 일어날 것인가? 이것이 전체적인 분자의 특성에 영향을 미칠 것인가? 나는 이 마지막 질문에 답할 수 없지만 가능하다고 생각한다. 쿼크 quark, 참 charm, 그 외 아원자 분자들을 통해 레이키 코드를 연결함으로써 원자의 구조를 바꿀 수 있을까? 이것 역시 내가 증명하거나 논박할 수 없지만, 과학적으로 생각해 볼만한 가치는 있다. 다시 말해 레이키로 원소의 속성이 변하거나 향상될 수 있는 과학적 연금술로 가는 입구가 될 수 있을까? 연구해 보지 않는 한 우리는 절대 그 답을 알 수 없을 것이다.

레이키 다이내믹으로 가장 유망한 가능성은 무한한 에너지 공급을 창출하는 것이다. 돌에서 흘러나오는 레이키는 레이키에 어튠하지 않은 쿼츠 크리스털을 잡고 있을 때 느끼는 에너지의 얼얼함보다 훨씬 더 강하다. 하지만 쿼츠 크리스털의 에너지는 동력화 harness 할 수 있다. 레이키 돌의 에너지 역시 동력화 할 수 있지 않을까? 만약 그렇다면 레이키 코드를 사용하여 어떻게 이 에너지를 증폭시킬 수 있을까? 돌이나 다른 사물을 통해 연결된 코드가 다른 레이키 코드의 영향을 받을 수 있을까? 말하자면 한 코드가 다른 코드를 둘러싼 에너지 장에 겹쳐 있거나 심지어는 시공간 매트릭스의 한 지점에서만 만나 공존하도록 할 수 있는가? 아니면 이 코드들이 거미줄 같은 불빛의 형태로 상호작용할 수 있는가?

내가 귀앓이를 힐링하기 위해 거미줄 같은 불빛을 만들 수 있다면, 이 동일한 거미줄이 돌이 아닌 마이크로칩에 에너지원을 제공할 수 있지 않을까? 이 마이크로칩이 크리스털과 똑같이 레이키를 끄고 켜도록 프로그램 할 수 있는가? 만약 그렇다면 이것은 진동하고 리듬이 있으며, 다른 변인들의 활동으로 다른 에너지 장과 상호작용할 수 있지만 힘의 크기는 비슷한 전혀 새로운 에너지 다이내믹을 만들 수 있는 것이 아닌가? 음과 양의 레이키 돌을 내 척추에 올려놓았을 때 제3의 에너지 장이 만들어지듯이, 내가 상상하는 것과 비슷한 두 개의 칩이 상호작용하도록 프로그램 하여 제3의 더 큰 에너지 장을 만든다면 어떻게 될까? 이것 역시 탐구해 보아야 한다. 아마도 레이키 기술의 전 분야를 탐구할 수 있을 것이다. 이러한 결론에 도달할 수 있는 질문들을 해 보자.

레이키 다이내믹은 전선을 통해 에너지가 전도하는 방법에 영향을 미칠 수 있다. 레이키에 어튠한 구리선은 더 효과적으로 전기를 전도하는가? 레이키는 전자 제품들을 움직이게 하는 데 도움이 되는 것으로 알려져 있다. 나는 이러한 현상에 과학적인 이유가 있을 것으로 생각한다. 만약 구리선의 한쪽 끝은 한 종류의 레이키에 어튠하고 다른 쪽 끝은 다른 레이키에 어튠한다면, 이 선이 전기를 전도시키게 하는 방법이 변화할 것인가? 구리선 안의 전자와 양자를 어튠하여 레이키 코드를 연결하고 전선을 통해 자체적으로 제3의 에너지 장이 흐르도록 상호작용하여 다른 전력원이 필요하지 않도록 하는 것이 가능한가? 이것을 나타내기 위해 전자와 양자를 무엇에 어튠할 수 있을까?

전기의 작용을 이해하는 사람은 특정 이온이나 에너지 전류의 레이키에 전자를 어튠하고 양자는 전혀 다른 어떤 것에 어튠할 수 있을지도 모른다. 이론상으로는 이들의 상호작용을 통해 특정한 제3의 에너지 장이 만들어질 수 있다. 내가 나의 제한된 지식으로 에너지가 가득 찬 물을 만들 수 있다면, 전문가는 전자와 양자를 다양한 모드의 레이키에 어튠하고 아원자 수준에서 이 전자와 양자가 상호작용하도록 하여 얼마나 많은 일을 할 수 있겠는가?

레이키 다이내믹은 또한 전인적 의료에 더 큰 부분을 차지할 수 있다. 지압요법과 같은 대체 치료법의 경우, 지압요법 힐링 세션에 도움이 되도록 음과 양의 레이키 효과를 어떻게 더할 수 있을까? 내가 아는 한 지압을 배우는 학생은 특정한 지압점을 어튠하여 특정한 경락을 통해 레이키 코드를 연결시키는 방법을 종종 사용하곤 했다. 이 기술은 학생 자신의 힐링 과정에 꽤 효과적이었으며 나에게 사용해 주었을 때에도 효과적이었다. 마찬가지로 약초 농축액을 향상시키기 위해 레이키 다이내믹을 어떻게 사용할 수 있을까?

내가 이해하기에 이는 모두 이론에 불과하며 내가 증명하거나 논박할 수 있는 어떠한 연구도 존재하지 않는다. 하지만 내가 멕시코에서 부상을 당했을 때 등에 생물화학적 효과와 유사한 효과를 나타내기 위해 레이키를 사용한 경험에 비추어보면, 레이키가 물리적 세계에 영향을 미쳐 약과 에너지 장의 진동이 레이키를 통해 어느 정도 복제될 수 있다. 그 정확한 사용 방법에 대해서는 과학 세계에 일임하도록 하겠다.

레이키 다이내믹 활용하기

이제 당신이 레이키 다이내믹을 활용할 수 있도록 하는 일만 남았다. 나는 아직 유해한 레이키의 어떤 영향이나 힘도 경험해보지 못했다. 때때로 레이키 다이내믹에 압도될 수 있지만 직접적으로 유해한 것은 아니다. 이러한 이유로 나는 이 책에서 레이키 다이내믹을 탐구하는 것이 전혀 위험하지 않다고 생각한다.

전과 마찬가지로, 돌들을 가지고 연습하는 것이 수월하며 비용도 들지 않는다. 그러므로 이 작업을 위해 당신을 부르는 돌을 찾아라. 무작정 밖으로 나가서 아무 돌이나 잡지 말고, 올바른 돌을 찾겠다는 의도를 정하라. 그런 다음 돌을 찾게 되면 그것이 올바른 것인지 알게 될 것이다.

돌들의 아원자적 어튜먼트

돌을 찾았다면 그것을 손으로 잡고 돌의 모든 원자에 있는 양자를 첫 번째 디그리, 두 번째 디그리 음의 레이키에 어튠할 것을 당신의 사후에게 요청한다. 적절한 문구를 사용하며, 19장에서 설명한 것처럼 숨을 세 번 불어 넣어 이 진술을 활성화 시키는 것을 잊지 마라. 그런 다음 돌을 느껴보아라. 음의 레이키의 느낌에 익숙해지도록 한다.

이렇게 했다면 돌의 모든 원자에 있는 모든 전자를 첫 번째 디그리, 두 번째 디그리 양의 레이키에 어튠할 것을 당신의 사후에게 요청한다. 그런 다음 돌을 잡고 레이키를 느껴보자. 양의 레이키와 음의 레이키가 흘러 아원자적 차원에서 서로 융합하면서 어떤 윙윙거리는 소리가 들릴 것이다. 하지만 무한한 레이키로 인해 이러한 융합 역시 무한하게 지속되기 때문에, 이 역동적인 진동음이 계속된다. 왜냐하면 양과 음이 완전히 융합되는 일은 일어나지 않기 때문이다. 이 둘은 그저 서로 끊임없이 흐르고 있는 것이다.

이제 이 돌의 모든 원자에 있는 각 중성자가 레이키 코드를 연결하는 첫 번째 디그리, 두 번째 디그리 레이키 배터리가 되도록 돌의 모든 중성자를 어튠할 것을 당신의 사후에 요청하여 이 진동음을 증폭시키자. 19장에서 설명한 사후 방법을 활용하도록 한다. 레이키 코드는 돌에 있는 기존의 모든 레이키 다이내믹을 증폭시키기 위한 것임을 당신의 사후가 나타내도록 하라. 세 번의 숨결로 이 진술을 활성화시키고 나면, 돌의 진동 에너지가 급격하게 증가한 것을 느끼게 될 것이다.

이러한 일이 어떻게 발생하는가? 나는 그 답을 모르지만 레이키는 현명하며 신성한 원천이라는 사실을 다시 한 번 강조해야겠다. 레이키 다이내믹을 증폭시킬 방법이 있다면 레이키의 지혜가 레이키 코드를 통해 그러한 방향으로 작용할 것이다. 그러므로 코드가 이것을 돕는다는 것을 표명하면서 그 의도를 말하기만 하면 이것이 현실이 되는 것이다. 이때 아원자적 차원에서 실제로 발생하는 일은 우리가 이해할 수 있는 능력 밖의 일이다.

레이키 다이내믹 실험하기

당신이 이 생각에 익숙해질 때까지 레이키 다이내믹을 계속 실험해 보아라. 당신은 두 가지에 집중해야 한다. 먼저, 나는 음과 양의 레이키를 사용한다. 왜냐하면 이들은 자연스럽게 서로에게 흐르기 때문이다. 그렇게 하는 것이 음의 레이키와 양의 레이키의 성질이다. 전자와 양자를 다른 형태의 레이키에 어튠할 수도 있지만, 서로에게 흐르고 서로를 증폭시키며 서로에게 큰 영향을 미치는 형태여야 한다. 전자를 원 러브 레이키에 어튠하고 양자를 마리아와 세 명의 수녀 레이키에 어튠하면 힐링을 위한 훌륭한 돌을 만들 수 있겠지만 두드러진 역동성을 발산하지는 못할 것이다. 하지만 실험을 통해 지침을 얻도록 하라.

둘째, 어튠먼트에 집중하고 있을 때, 나는 음과 양을 전자와 양자에 향하도록 하는 것을 좋아한다. 왜냐하면 이것이 심오한 아원자적 차원에서 작용하며, 레이키는 이 물질적 대상의 핵심에서 움직인다는 사실을 알고 있기 때문이다. 하지만 나는 돌의 한쪽 끝은 음의 레이키에 다른 반쪽은 양의 레이키에 어튠하기도 했다. 그런 다음 돌의 중간을 잡고 있으면 둘 사이의 매우 강한 상호작용을 느끼게 된다. 끝으로 갈수록 그 느낌은 약해진다. 이것은 레이키 다이내믹이 돌에 존재하는 두 종류의 레이키 사이의 경계에서 가장 강하게 발생하기 때문이다.

돌로 실험해 보았다면 목욕물에 동일한 실험을 하고 목욕을 해 보아라. 돌에서 경험할 수 없었던 미세한 에너지를 느낄 수 있을 것이다. 이러한 경험이 우주 및 자연의 법칙에 관한 당신의 사고방식을 어떻게 변화시킬 것인가? 이것은 중요한 질문이다. 레이키 다이내믹은 실제로 가장 기본적인 차원에서 우주만물 creation 을 형성하고 변화시키기 위해 신성과 협력하는 것이기 때문이다. 레이키는 어떤 것에도 해를 가할 수 없다. 당신은 레이키로 원자를 분열시키지는 않을 것이다. 하지만 우리가 전에는 절대로 알지 못했던 원소들의 속성을 발견할 수 있으며, 이것은 인간의 경험을 향상시키고 힐링하는 데 사용할 수 있다.

이러한 의식의 변화가 전반적인 인류에 어떤 영향을 미칠 것인가? 우리가 현재 기름, 석탄, 가스, 기타 에너지원을 통해 얻고 있는 것을 신비한 신성의 에너지가 제공할 수 있다는 사실이 알려지게 되면, 종種으로서의 우리의 사고방식이 어떻게 변할 것인가? 상황이 이렇게 되면, 전기 스위치를 켤 때 우리는 항상 신성의 존재를 인식하고 전구를 밝혀주는 레이키의 존재를 인식하게 될 것이다. 매일의 일상적인 활동은 신성의 끊임없는 인식으로 가득 찰 것이다. 이것이 인류를 더욱 발전시킬 수는 없을까? 아마 가능할 것이다. 그리고 그렇게 될 것이다.

나의 영적 가이드들은 나에게 지금까지 내가 발견한 것은 레이키의 빙산의 일각에 불과하다고 말한다. 언젠가 레이키를 통해 우주의 신비를 탐구할 수 있을 것이다. 우리가 이것에 대해 두려워할 것은 전혀 없다. 우리는 빛을 향해 나아가야 하며 인간이 진화할 수 있는 다음 단계를 시작해야 한다. 그다음 단계란 모든 것에 존재하는 무한한 신성한 에너지를 해제하여 활용할 수 있는 능력을 갖추는 것이다.

24
기도로서의 레이키

이 책에서 나는 레이키가 신성한 원천에서 나온다는 사실을 강조하려고 노력해왔다. 레이키에서는 보통 이 원천에 이름이나 특정 종교를 붙이려 하지 않는다. 모든 사람이 신성이 누구인지 혹은 무엇인지를 이해할 권리가 있기 때문이다. 어떤 사람에게는 신성이 예수의 얼굴로 나타날 수 있으며 또 어떤 이들에게는 붓다나 여신으로 나타날 수도 있다. 내 개인적인 생각으로는 당신이 신성을 볼 수 있는 어떠한 방법으로든 신성이 모습을 드러낼 것 같다. 다시 말해 신성은 거울과 매우 비슷하다. 화가 난 사람은 화가 난 신성을 볼 것이다. 인정이 많은 사람은 신성을 인정이 많은 존재로 생각할 것이다. 이것은 내 개인적인 해석이며, 이 때문에 나는 다양한 종교에 참여했다. 내게 있어 이 종교들은 어느 정도는 모두 진정한 것이기 때문이다. 나는 예수에게 하는 것만큼이나 그리스 신인 판Pan에게 레이키를 보내는 것에 기쁨을 느낀다. 나에게는 두 신 모두 이성과 언어의 범위 내에서 이해할 수 있는 나의 제한된 능력을 훨씬 벗어난 다차원적인 존재이기 때문이다. 하지만 당신이 어떤 영적 경로를 택하든지, 기도의 한 형태로서 그 존재속으로 레이키를 통합시킬 것을 제안한다.

당신의 영적 존재와 레이키를 통합하는 방법은 간단하다. 당신이 신성으로 생각하는 존재에게 레이키를 보내라. 나는 이 과정을 우리가 받은 인생의 또 다른 선물이자 레이키의 아름다운 선물을 신성에게 돌려주는 한 방법이라고 생각한다.

매일 이것을 하라. 이 훌륭한 선물을 신성에게 돌려주는 방법일 뿐만 아니라 또한 신성과 직접적으로 소통하는 방법이다. 힐링을 보내는 동안 레이키의 대상을 감지하기 시작하면(많은 사람이 여정의 시점에서 아마 이것을 느낄 수 있다), 당신은 신성을 직접 감지할 수 있을 것이다. 이것보다 더 훌륭한 여행은 없으며 선물을 돌려주고 모든 것의 신성한 원천이 갖는 경이로움을 느끼는 것보다 더 큰 선물은 없을 것이다.

당신의 영적 연결을 강화시키기 위해 레이키를 사용하는 또 다른 방법은 시간을 역행해서 당신의 영혼이 만들어진 시점으로 레이키를 보내는 것이다. 형태가 없는 신성으로부터 당신이라는 개인적 의식이 만들어졌을 때의 당신 자신을 느끼는 것은 많은 선물과 통찰력을 가져다 주는 경험이다. 당신이라는 전반적인 존재 및 당신과 관계된 모든 것들과 연결시키는 또 다른 방법은 당신의 영혼이 만들어지기 시작한 때부터 현재까지 당신의 전 인생에 레이키 코드를 연결하는 것이다. 자신에 대한 이러한 다차원적인 인식은 요가 수행자들과 수도사들이 수년 간 찾아 헤매던 것이다. 당신은 이제 당신 내면에 에너지 장으로 엮인 이러한 능력을 가지게 된 것이다.

하지만 기도로서의 레이키는 단순히 신성과의 교감만을 위한 것이 아니다. 레이키로 선행을 하는 것은 당신의 영혼을 강하게 하고 모든 존재를 이롭게 하는 도구이다. 레이키는 항상 최고의 선을 위해 작용한다는 사실을 기억하라.

또한 당신의 영혼에 바로 힐링을 보낼 수도 있다. 영혼 힐링은 당신이 받을 수 있는 가장 중요한 레이키 힐링 중 하나가 될 수 있다. 그저 당신의 영혼에 힐링이 도달한다고 생각하고, 당신의 영혼에 힐링을 연결하기 위해 혼샤제쇼넨을 사용하라. 그리고 영혼 힐링을 위해 우스이 마스터 상징 버전의 다이코묘를 사용하라. 우스이 마스터 상징은 초 쿠 레이의 더 높은 버전과 비슷한 작용을 하며 굳이 초 쿠 레이를 통해 힘을 부여할 필요가 없기 때문에, 초 쿠 레이를 추가할 수도 있고 하지 않을 수도 있다.

이러한 레이키 도구들을 통해 당신은 실제적인 방식으로 깨달음의 단계에 진심으로 다가설 수 있는 힘을 갖게 된다. 당신은 신성에게 받은 선물을 돌려줄 수 있으며 당신의 영혼이 시작된 때를 인식하고 신성한 에너지로 선행을 할 수 있으며 당신의 영혼을 치유하기 위해 힐링을 보내고 신성으로부터의 이탈을 바로잡을 수 있다. 마태복음 17장 20절, "또 너희가 못할 것이 없으리라"라는 예수의 말이 의미한 것이 바로 이런 것이리라.

이제부터의 여정은 당신만의 것이다. 더 제안할 수 있는 연습들이 있지만, 당신이 레이키를 어떻게 사용하느냐는 당신과 신성의 관계에 달렸다. 이 부름에 귀를 기울여라. 신성에게 레이키를 돌려주는 한 가지 목적으로만 레이키를 사용할 사람도 있을 것이다. 그것만으로도 충분하다.

25
레이키의 미래

　나는 레이키가 모든 사람을 위한 것이라고 생각한다. 레이키는 사람이 경험하는 것 중에 없어서는 안 될 부분이 되어야 한다. 모든 사람이 전문적인 레이키 힐러가 되거나 되어야 한다는 말은 아니다. 전문 레이키 힐러는 적절한 교육을 받은 사람들만이 가질 수 있는 자격이다. 하지만 일반적인 것, 예를 들면 요리와 같은 것을 예로 들어 레이키를 생각해보자. 모든 사람이 전문 요리사가 되는 것은 아니지만, 대부분 요리에 대한 지식을 자신에게 필요한 만큼은 가지고 있다. 마찬가지로 레이키의 새로운 도구들은 사람들이 영적으로 자신에게 영양분을 공급하고 친구나 가족에게 힐링을 보내며 레이키를 일상생활의 일부로 만들기 위한 방법을 제공한다. 챈트를 통해 레이키 어튠먼트를 단순화시키고 사후와 함께 작업한다고 하여 레이키의 파워가 줄어드는 것은 아니다. 다만 우리가 그 힘에 접근하는 방법을 변화시킬 뿐이다. 우리는 이러한 정보를 가지고 새로운 의식의 세계로 나아갈 수 있다. 나에게는 레이키를 농업, 의학, 기타 과학에 사용하거나 심지어는 전기와 같은 방법으로 레이키를 연결할 수만 있다면 무한한 에너지 공급원으로서 레이키를 연구할 수 있다. 이것으로 인류가 진보할 수 있다는 거대한 비전과 희망이 있다.

레이키로 모든 사람의 능력 부여

최소한 이 책은 스스로 치유하고자 하는 사람에게 그것을 가능하게 하는 방법을 제공할 것이다. 이 책에서 설명한 기술이 비밀스러운 비법으로 남아서는 안 된다. 모든 사람은 삶의 모든 면에서 레이키의 어마어마한 힐링력에 접근할 신성한 권리가 있다. 우리가 이 정보를 더 숨길 수는 없다.

한때는 레이키가 특별한 사람들에게만 허용되는 독점적 클럽이어야 한다는 관점에 동의했었다. 이 특별한 사람들은 보통(거의 항상) 더 나은 인생을 탐구하는 백인 중상층 부류였다. 이 사람들이 레이키 클럽에 들어 있다는 사실을 비난하지는 않는다. 하지만 클럽 회원자격이 금전적으로 너무 고가가 되지 않도록 클럽의 규칙을 수정해야 할 때라고 생각한다. 이제 이 책은 이 규칙들을 바꾸고 모든 사람이 레이키라는 선물에 접근할 수 있게 한다. 나는 에너지 교환을 유지하는 레이키 전통을 지지한다. 하지만 특히 정기적으로 건강관리를 받을 여유가 없는 사람들처럼, 몇몇 사람들의 손에 레이키를 맡기려는 것은 아니다. 실제로 일부 사람들은 각 어튜먼트마다 이 책에서 제안한 에너지 교환을 무시하기로 결정할 수도 있다. 하지만 그것은 신성과 함께하는 그들의 까르마이다.

　이 책이 레이키 힐러들의 세계에 미치는 영향은 분명하다. 나는 결국 이 세상이 모든 존재와 관계하는 레이키 힐러가 존재하는 사회로 발전할 것이라 확신한다. 레이키는 우리의 모든 삶에 영향을 미칠 수 있으며, 레이키 침술가나 레이키 치과의사가 나타나는 날이 올 수도 있다. 농부는 자신의 곡식을 레이키에 어튠하고 레스토랑은 레이키에 어튠한 음식과 식기를 제공할 날이 올 것이라 믿는다. 이 책에서 이용할 수 있는 정보 덕분에, 이 신성한 에너지를 우리 삶의 모든 측면에 도입할 수 있는 능력을 제한하는 것은 이제 우리의 상상력일 뿐이다. 전문적인 레이키 힐러가 계속 남아 있겠지만, 많은 힐러들이 더 열심히 공부해야 할 것이고, 그들의 지식을 더 깊게 해야 할 것이며, 더 많은 그들 자신의 것을 요구할 것이다. 이들은 빠르게 발전하는 이 에너지 시스템을 따라가야 할 것이다. 이들은 레이키 코드를 실제로 사용하는 방법을 이해할 필요가 있다. 사후를 통해 신체 기관을 어튠하고 난 뒤에 이들에게 한 어튠을 해제하는 방법 또한 이해해야 할 것이다. 이들은 또한 MAP 코닝(MAP Coning)이나 볼텍스힐링 디바인 에너지 힐링 (226페이지의 참고자료 참조)과 같은 다른 형태의 에너지 힐링과 레이키를 통합하는 방법을 알아내야 할 것이다. 이 책이 많은 사람에게 레이키의 문을 열어주었으며 전통적으로 사용할 수 있는 방법에 대해 설명하긴 했지만, 사람들은 여전히 고객과 확실한 정서적 경계를 유지할 수 있으며 전용 힐링 장소에서 세션을 할 수 있는 훈련된 레이키 전문가를 원할 것이다.

　모든 사회에 없어서는 안될 레이키의 세계와 레이키 힐러의 세계는 공존할 수 있으며 공존해야 한다. 내가 바라는 것은 레이키 힐러들이 이 책의 내용을 포용하는 데 그치지 않고 이것을 확장하여 여기에 쓰인 내용 이상의 새로운 정보를 알게 되는 것이다. 이 책은 사람들이 레이키의 더 깊은 가능성을 탐구할 수 있는 길을 열어준다. 누군가는 애니멀 케어나 식물 치유에 레이키를 이용하거나 더 심오한 수준에서 레이키를 조사하고자 하는 의학연구가와 협력하는 전문가가 될 수도 있다. 앞으로 레이키의 사용이 확대될 것이며, 그 범위가 더욱 넓어지면서 수년간 레이키에 관여해 온 사람들은 이 과도기에 특별한 자리에 있게 될 것이다. 만약 레이키가 모든 사회에서 없어서는 안될 상황이 된다면 레이키를 알고 이해하는 사람들은 분명 이 신성한 선물을 이용할 기회를 갖게 될 것이라고 생각한다. 그리고 이것으로 그들을 도와줄 것이다.

레이키의 본질 heart

　레이키는 우리가 예측할 수 없는 방식으로 진화하는 우주의 안식처와도 같다. 우스이 박사가 레이키가 가야 할 방향이나 할 수 있는 일들에 대해 알고 있었는지는 알 수 없다. 아마 알고 있었을 것이다. 하지만 100년 전에는 아무도 이런 것들에 대해 이해하지 못할 것이란 사실도 알고 있었을 것이다. 이것은 사실 중요하지 않다. 중요한 것은 이 책의 내용이 실질적이고 사실이며, 인류를 도울 수 있다는 것이다. 신성의 목적이 하나됨이라는 믿음을 가지고 있는 레이키 힐러들에게 신성은 도움을 계속해서 제공할 것이다. 하지만 이제 이 신성한 선물을 원하는 모든 사람과 공유할 때가 되었다. 이제 이 신성한 선물을 단순한 힐링의 방법이 아닌 삶의 한 방법으로 완전히 받아들일 때가 되었다.

나는 레이키가 몇몇 특별한 사람들만을 위한 것이라고 믿었을 때 이미 실험을 시작했으며 이를 비밀로 간직했다. 에이즈나 암에 걸린 사람들을 도울 수 있는 지식을 가지고 있었으면서도 침묵을 지켰다. 레이키는 정체되고 경직된 시스템이며 전통적인 방식으로 배워야만 한다는 어떤 보이지 않는 법칙을 어길 수 없었던 것이다. 내 의식은 고통스러웠지만, 전통에 충실하기 위해 여전히 아무것도 할 수 없었다. 나는 에드가 케이시라고도 알려져 있는 라타^{Ra Ta}의 영혼을 접하기 전까지 이러한 태도를 바꾸지 않았다. 내가 이 책을 써야 한다고 말해준 것이 라타였다. 라타는 내가 알고 있는 이 정보가 내 특별한 안목만을 위한 것이 아니며 이 정보를 비밀에 부친다는 것은 레이키의 본질에 반하는 것이라고 말해 주었다. 그리고 이 모든 것과 더불어 예수가 우리에게 바란 것처럼 우리는 이 법칙의 본질을 들여다보아야 한다고 생각한다. 레이키 법칙의 본질은 무엇인가? 레이키는 부유한 사람들에게 특별한 존재라는 느낌을 주어 독점하기를 원하는가? 아니면 지구를 치유하고 빈민가의 어린이들이 건강관리를 받을 수 있도록 도와주며 모두에게 신성을 실제로 제시하고 그리고 어떻게 연결 가능한지를 알도록 돕는데 사용될 것인가? 이것이 레이키의 실질적인 법칙이 아닌가?

레이키 범위가 확장되면서(반드시 그래야 한다) 레이키는 자연스럽게 신성과 더 많이 연결될 것이며 더욱 민주적이고 평화로운 세계를 만들어내게 될 것이다. 레이키 세계가 귀족 사회에서 민주 사회로 변화함에 따라, 우리는 인생의 모든 측면에서 이 힘의 진정한 파워를 깨닫게 될 것이다.

연습용 부록

이 연습 과제들은 사용자들이 이 책의 내용을 쉽게 사용할 수 있도록 만든 것이다. 이 연습을 통해 당신은 이 책에서 가르친 내용들을 매일 활용하고 이 기술을 일상생활에 적용할 수 있을 것이다. 어떤 연습들은 다른 것보다 더 당신의 마음에 들 것이다. 당신에게 맞는 것을 활용하라.

인후통 힐링을 위한 레이키 연습

이 기술은 매우 효과적이다. 목에 레이키 코드를 연결하면 당신의 목 중앙에 말 그대로 "X"자 형의 신성한 힐링의 불빛이 만들어진다. 이것을 만들려면 당신의 왼쪽 턱뼈와 오른쪽 쇄골을 첫 번째 디그리, 두 번째 디그리의 레이키 배터리로서 어튠할 것을 사후에게 요청한다. 이 두 배터리 사이에 첫 번째 디그리, 두 번째 디그리 레이키의 레이키 코드를 연결하도록 사후에게 요청하라. 이제 오른쪽 턱뼈와 왼쪽 쇄골을 레이키 배터리로 이용하여 같은 과정을 반복하고 이 배터리 사이에 레이키 코드를 연결하라. 이렇게 하면 당신은 마치 X자처럼 목을 통해 연결되는 두 개의 레이키 코드를 만들게 된다. 레이키 코드가 인후통을 강하게 힐링할 것이다. (사실 나는 이 글을 쓰기 바로 한 시간 전에 목이 건조하고 고통스럽게 따끔따끔해서 고생하다가 이 방법을 만들었다. 이 글을 쓰는 지금, 고통이 사라졌다.)

불쾌한 하루를 날려보내는 레이키 연습

불쾌한 하루나 한 주, 한 달, 혹은 원하는 만큼의 시간을 날려보내기 위해 이 방법을 실질적으로 사용할 수 있다. 날려보내는 것은 그날 자체가 아니라 그때 시공간 매트릭스를 통해 당신의 에너지 장에 갇혀 있던 부정적인 진동이다. 이 방법을 사용하려면 부정적인 에너지가 시작된 때를 확인해야 한다. 정확한 시간을 알 필요는 없다. 그때의 행동, 마음 상태 등을 정확하게 지정할 수 있으면 된다. 하지만 어느 정도 시작점을 확인할 필요는 있다. 시작점을 그 원인과 혼동해서는 안 된다. 당신이 원하는 것은 레이키 배터리를 고정시킬 수 있는 시간대이며 부정성이 시작된 때에 레이키 배터리를 고정시키는 것이 가장 좋다.

시작점을 정하고 나면 시간을 역행해 당신의 신체를 첫 번째 디그리, 두 번째 디그리 레이키 배터리로서 어튠할 것을 당신의 사후에게 요청하라. 그런 다음 당신의 신체를 현재의 첫 번째 디그리, 두 번째 디그리 레이키 배터리로서 어튠할 것을 사후에게 요청하라. 이제 두 지점 사이에 첫 번째 디그리, 두 번째 디그리 레이키 코드를 연결할 것을 사후에게 요청하라.

이 두 시간 사이에서 당신의 신체는 이 특정 시간 동안 당신이 흡수한 부정적인 에너지를 강하게 밀어내는 불빛의 터널과 거의 같아진다. 이 불빛의 터널이 부정성을 밀어내면서, 당신의 현재 의식이 변화하기 시작한다. 그 시간은 이제 불쾌하게 느껴지지 않는다. 이 시간 동안의 당신의 에너지 장을 변화시킴으로써, 당신은 이 시간의 의식을 완전함에 더 가까운 것으로 변화시켰다.

당신이 준비가 되면, 레이키 배터리 어튠먼트와 레이키 코드를 해제할 것을 사후에 요청하라.

분실물을 찾기 위한 레이키 연습

이 연습은 너무 작거나 얇지 않은 물건에 적용하는 것이 가장 좋다. 잃어버린 물건을 레이키 배터리로서 어튠하고 당신의 마음을 또 다른 레이키 배터리로 어튠할 것을 당신의 사후에 요청한다. 두 지점 사이에 레이키 코드를 연결할 것을 사후에게 요청하라. 그런 다음 코드가 당신의 신체를 통해 흐를 때 그 방향으로 그 코드의 에너지를 따라가라. 손을 이용해 코드가 당신의 신체를 떠나 잃어버린 물건에 닿는 것을 파악하라.

물건이 너무 작거나 얇으면, 레이키 코드가 너무 작거나 얇아져 탐지하기가 어려울 수 있다. 이럴 경우, 당신이 알고 있는 레이키 다이내믹을 이용해 코드를 증폭시킬 수 있는 방법을 찾아야 한다. 보통은 분실물의 위치를 탐지할 수 있을 것이다. 물론 집 외의 다른 곳에서 물건을 잃어버렸다면 이 방법이 더욱 어려워질 수 있다. 하지만 그런 경우에도 이 방법이 분실물을 찾을 수 있는 곳까지 당신을 인도할 때도 있다.

소화관 청소를 위한 레이키 연습

여기서 말하는 청소란 에너지적인 청소를 말하는 것이다. 이것은 결장세척과 같은 말이 아니며 이것을 대체하는 것으로 사용해서는 안 된다. 당신에게 배설 문제가 있다면 이 방법이 당신을 치료해주지는 못할 것이다. 하지만 이 방법이 하는 일은 소화관의 에너지를 내적으로 깨끗하게 해 주는 것이다. 이 방법은 빠르고 효과적이다. 음식이 당신의 신체에 들어왔던 때로 시간을 역행해 첫 번째 디그리, 두 번째 디그리 레이키에 당신에게 있었던 모든 배설 문제를 어튠할 것을 사후에 요청하기만 하면 된다. 당신이 먹은 모든 음식에 어튠먼트가 대량으로 보내지고, 당신이 섭취한 것 중 신체에 흡수되지 않은 모든 것을 구성하는 원자와 분자를 어튠한다. 당신은 즉시 전체 소화관의 에너지가 분명하게 향상되는 것을 느낄 것이다. 이것은 당신 내면에 남을 수 있거나 수년간 당신 내면에 남아있었던 부정적인 에너지나 부정적인 생각을 제거하는 데 도움이 된다.

당신이 먹는 것이 곧 당신임을 기억하라. 이것은 당신이 먹는 음식과 이 음식을 만들고 먹을 때 이 음식을 둘러싼 생각의 진동을 모두 포함한 말이다. 당신의 소화관에서 이 원치 않는 에너지를 없애는 방법을 알게 되면 당신의 정신과 에너지는 더욱 깨끗해질 수 있을 것이다.

사랑과 빛의 레이키 목욕

이 방법은 그 제목이 나타내는 바와 똑같이 사랑과 빛으로 목욕하는 것이다. 먼저 단순히 욕조에 물을 가득 채운다. 원하는 만큼 물이 차면 물의 모든 수소 원자를 첫 번째 디그리, 두 번째 디그리 원 라이트의 레이키에 어튠할 것을 당신의 사후에 요청하라. 그런 다음 물의 모든 산소 원자를 첫 번째 디그리, 두 번째 디그리 원 러브의 레이키에 어튠할 것을 요청하라. 이제 욕조는 사랑과 빛을 발산하는 레이키의 그물로 가득 찼다. 당신의 몸을 물에 담가 보아라. 당신이 그 속에 있으면 마치 천국에 있는 느낌이 들 것이다.

숙면을 위한 레이키 연습

발레리안 Valerian[9]은 몸과 마음의 긴장을 풀어주는 약초이다. 이번 연습에서는 잠자리에 들기 바로 전에 당신의 모든 근육을 발레리안의 레이키에 어튠할 것을 당신의 사후에 요청한다. 근육의 긴장이 풀리면서 깊은 휴식에 들어가 숙면을 취할 수 있게 될 것이다. 다음날 일어났을 때 어튠먼트를 해제하는 것을 잊어버릴 수도 있으므로, 어튠먼트가

---

[9] 쥐오줌풀

단 몇 시간만 지속되도록 사후에게 요청한다. 자는 동안 계속 이 어튠먼트가 지속될 필요는 없다. 이런 방식으로 어튠먼트를 프로그램 하기 위해서는 다음과 같이 말한다.

> 황금빛의 힘으로
>
> 신성한 숨결의 힘으로
>
> 저는 이 진리를 표명합니다
>
> 저는 이제 제 사후를 통해 제 신체의 모든 근육을
>
> 발레리안 약초의 첫 번째 디그리, 두 번째 디그리 레이키에 어튠하고
>
> 이 어튠먼트를 (원하는 시간) 후에 해제하도록 요청할 것입니다
>
> 이것을 표명하오니
>
> 이제 시작합니다

다른 사후 어튠먼트와 마찬가지로 세 번 숨결을 불어넣어야 한다. 이렇게 하고 난 후 휴식을 취하며 편안한 숙면에 빠져들어 보아라.

마음의 정화를 위한 레이키 연습

물론 세이 헤 키 상징을 자신에게 이용해 마음을 맑게 하는 힐링을 할 수 있다. 하지만 힐링을 할 수 있는 장소에 있지 않을 때가 많다. 이 경우에는 이 연습 방법이 어느 정도의 편안함을 줄 수 있다.

당신의 두개골 각 반쪽 내부를 첫 번째 디그리, 두 번째 디그리 레이

키 배터리로서 어튠하고 이들 사이에 세이 헤 키나 원 라이트 레이키의 레이키 코드를 보낼 것을 사후에 요청하라. 이제 이 코드는 당신의 뇌를 통해 바로 흘러 당신이 명쾌함을 얻는 데 도움이 되는 조명을 가져다줄 것이다. 맑아지는 것을 느끼면 어튠먼트를 해제한다.

개인의 능력 강화를 위한 레이키 연습

이 방법은 초 쿠 레이 상징을 시각화하고 내면화하는 과정을 포함한다. 이것은 실질적으로 레이키를 보내거나 레이키를 흘려보내는 작업은 아니지만 당신 자신을 레이키로서, 파워 상징으로서 생각하는 방법이다.

서서 이 방법을 연습한다. 거대한 초 쿠 레이 상징을 당신의 복부 위에 눈으로 그리고 이것이 당신의 전신을 덮을 때까지 점점 커진다고 생각하라. 그다음 다시 이 상징과 당신이 방 전체를 가득 채울 때까지 점점 더 커진다고 상상하라. 그런 다음 당신 자신이 계속 커지고 초 쿠 레이가 당신과 함께 커져 마치 이 두 개가 하나로 합쳐지는 것처럼 상상하라. 당신이 주택이나 아파트 전체를 채울 때까지 이 둘이 커진다고 상상한다. 이 크기와 힘의 느낌이 당신의 모든 존재에 충만하도록 두어라.

이제 당신과 초 쿠 레이 상징이 당신의 거주지 크기를 넘어 동네 크기만큼 성장하고 당신이 살고 있는 읍이나 도시 크기만큼 계속 성장한다고 상상하라. (당신이 시골에 살고 있다면 당신 자신이 주변의 생태계 크기만큼 커진다고 상상하라.)

　당신은 원하는 만큼 이 방법을 계속할 수 있다. 보통 내가 방 크기만큼 되면 나는 꽤 강한 힘을 느낀다. 하지만 당신이 원한다면 당신이 초 쿠 레이와 함께 전 대륙, 지구, 태양계, 혹은 당신이 용기가 있다면 우주만큼 커지는 것을 상상해도 좋다. 당신 자신과 초 쿠 레이가 통합되는 상상을 통해 당신은 자신의 신성한 파워가 성장하고 당신이 이 파워를 더 많이 요구할 수 있게 된 것을 확인하게 된다.

의식의 확장을 위한 레이키 연습

　이 방법은 아틀란티스 섬에서 사용하던 것이었다. 실제로 어떤 존재를 두 지점에 존재하도록 빛을 비추기 위한 출입문으로 사용되었다. 내가 이 방법으로 그 정도까지 도달해 본 적은 없지만 시간과 공간의 한계가 사라지는 느낌은 받았다.

　이전의 방법과 마찬가지로 서서 시작한다. 눈을 감고 당신 자신이 혼 샤 제 쇼 넨 상징인 것처럼 상상하고, 이것이 당신의 머리에서 발가락까지 이어진다고 생각하라. 두 손을 당신의 제3의 눈 짜끄라(이마 정중앙) 앞에서 약 7.5 센티미터 떨어진 곳에 두고 손가락이 하늘을 향해 위를 가르치도록 손을 맞잡는다. 손가락 끝이 맞은편 손가락 끝에 살짝 닿도록 한다. 이것은 손가락 끝과 달리 손바닥이 실제로 닿지 않는다는 점만 제외하면 기도하는 손의 자세와 비슷하다. 손바닥은 약 2.5~5 센티미터 떨어뜨린다. 이것은 마치 당신의 손으로 에너지의 피

라미드를 형성하고 있는 것과 같다. 이것을 당신의 제3의 눈에 가져가면 사이킥 수준에서 혼 샤 제 쇼 넨 상징에 실제로 들어갈 수 있도록 당신이 열리게 된다. 여기서 상상을 끝낸다.

이곳에서부터 당신은 당신의 의식을 어느 시간, 어느 공간으로도 투사할 수 있다. 나는 이것을 시도해 보았고 성공했다. 이것은 아스트럴 투사와는 다른 것이다. 당신은 당신의 신체를 떠나 샤머니즘 여행에서처럼 샤머니즘적 무아지경에 빠지는 것이 아니다. 당신의 의식은 단순히 목적지에 도착한다. 이 방법을 자신에게 시도해보고 확인해 보아라.

참고자료

아래에 제시한 권장 도서 및 웹사이트는 레이키와 관련이 없어 보일 수도 있으나 사실 관련이 있는 것이다. 우리가 레이키를 더 큰 전체의 일부분으로 생각하고 더욱 환경 친화적이고 좋은 세상을 만들려고 노력한다면 말이다.

전문 힐러로서 레이키를 더 자세히 탐구하려면 다이앤 스타인의 책 《이센셜 레이키 Essential Reiki》 (캘리포니아 버클리, Crossing Press, 1995년)를 읽어보길 바란다.

자기 힐링을 위해 데바 Nature Spirits 와 접촉하는 방법에 대해 더 배우려면 마카엘 스몰 라이트가 쓴 책 《맵: 공동 창조적인 화이트 브라더후드 의료 지원 프로그램 MAP: The Co-Creative White Brotherhood Medical Assistance Program》(버지니아 워렌톤, Perelandra Ltd., 1990년)을 읽어본다.

에너지 힐러로서 당신만의 방법을 확장시키고 싶다면 www.VortexHealing.com에서 볼텍스힐링 디바인 에너지 힐링을 연구해보기 바란다.

이 지구를 치유하고 더욱 환경 친화적인 생활방식으로 사는데 도움이 되는 정보를 얻고 싶다면, 줄리아 버터플라이 힐 Julia Butterfly Hill 이 설립한 비영리 조직인 순환의 섭리 Circle of Life 가 큰 도움이 된다. www.CircleofLife.org를 방문해본다.

셀프 어튜먼트를 위한

레이키 매직가이드

초판 1쇄 발행 2019년 10월 14일

지은이 브렛 베벨
옮긴이 황지현

펴낸이 황정선
펴낸곳 슈리 크리슈나다스 아쉬람
출판등록 2003년 7월 7일 제62호
주소 경상남도 창원시 북면 신리길 35번길 12-9
대표전화 (055) 299-1399
팩시밀리 (055) 299-1373
전자우편 krishnadass@hanmail.net
홈페이지 www.krishnadass.com
ISBN 978-89-91596-62-7 03270

printed in Korea

* 책값은 뒤표지에 있습니다.
* 잘못 만들어진 책은 바꾸어 드립니다.